Fare apprendere la sicurezza

Manuale per la formazione dei formatori per la sicurezza

Carlo Bisio

Fare apprendere la sicurezza

Manuale per la formazione dei formatori per la sicurezza

Stampato in proprio tramite il servizio

di *print on demand* www.lulu.com

Titolo:

Fare apprendere la sicurezza. Manuale per la formazione dei formatori per la sicurezza

Autore:

Bisio Carlo

www.cesvor.com – www.carlobisio.com – www.bisioconsulting.com

Stampato in proprio tramite il servizio di print on demand www.lulu.com

Edizione speciale per Aias Academy

Copyright ©2014 by Bisio Carlo

Tutti i diritti riservati, Bisio Carlo, ©2014

Esiste un solo bene, la conoscenza, e un solo male, l'ignoranza

Socrate, in Diogene Laerzio, Vite dei filosofi, III sec.

Sommario

Introduzione: cosa significa formare alla sicurezza sul lavoro   pag. 11

Analizzare i bisogni di formazione   pag. 23

Esercizi per l'analisi dei bisogni di formazione   pag. 31

Progettare un intervento   pag. 43

Esercizi per la progettazione di un intervento   pag. 65

Preparare i materiali   pag. 75

Esercizi per la preparazione dei materiali   pag. 83

Gestire un incontro di formazione   pag. 91

Valutare gli apprendimenti   pag. 109

Esercizi per la valutazione degli apprendimenti   pag. 121

Soluzioni e commenti agli esercizi proposti   pag. 133

5 tecniche per ottenere l'attenzione fin dall'inizio   pag. 169

Come convocare i partecipanti   pag. 171

Nota sull'autore   pag. 175

Introduzione: cosa significa formare alla sicurezza sul lavoro

Scopo e struttura del libro

Questo libro è destinato a coloro che vogliono migliorare le proprie abilità nella gestione di interventi formativi per la sicurezza.

Tratta della tecnica e di alcune buone prassi nella formazione alla sicurezza. *Non tratta di contenuti di sicurezza e salute sul lavoro, né di norme*, in quanto queste nozioni devono già far parte del bagaglio di esperienza e di studi del formatore.

Per sua natura quindi è un *libro destinato alla formazione dei formatori*. Trae ispirazione dall'esperienza diretta dell'Autore e dalla letteratura specialistica nella formazione in età adulta[1].

---

[1] Un approccio meno applicativo e più scientifico, con espliciti riferimenti alla letteratura, è contenuto in Bisio C., "*Psicologia per la sicurezza sul lavoro. Rischio, benessere e ricerca del significato*", Giunti Organizzazioni

Si è scelto di dare un taglio pratico, dal momento che nel panorama editoriale sono già molte le opere che trattano degli aspetti teorici della formazione.

Chi avrà la pazienza di seguire la lettura e di svolgere gli esercizi, al termine avrà acquisito un insieme di tecniche e di concetti per preparare, gestire e valutare la formazione, in particolare quando tratta di sicurezza.

Fare formazione è come un'arte, e in quanto tale molto del suo successo si basa su come il formatore riesce a interpretare il ruolo, sulla sua creatività e sulla sua esperienza; ma come in ogni arte esiste una grammatica da rispettare per ottenere opere che riescano a comunicare.

Il presente capitolo introduttivo spiega che cosa si intende per processo di formazione, e quali ne sono le fasi.

Nel seguito del libro ogni fase del processo di formazione – analisi dei bisogni, progettazione, realizzazione, valutazione – viene ripreso, alternando parti che riguardano i punti

---

Speciali, 2009, e in Bisio C. *"Comunicare in azienda. Manuale di sopravvivenza per manager"*, Franco Angeli, 2004.

fondamentali concettuali e pratici, e altre parti che richiedono di esercitarsi con casi concreti.

Sono incluse ventuno schede che propongono delle situazioni problematiche, alle quali il lettore può dare una risposta; le soluzioni o i commenti a tali schede sono raggruppate in un apposito capitolo finale; per una maggiore efficacia si suggerisce di confrontarsi con le soluzioni o i commenti proposti solo dopo avere provato da soli – o in gruppo – a dare una propria soluzione.

Al termine sono presenti due appendici; la prima contiene alcune idee per catturare l'attenzione dei partecipanti nei primi momenti; la seconda illustra alcuni punti importanti per sottolineare i messaggi della formazione attraverso le comunicazioni preliminari alla formazione.

Alcune altre risorse sono disponibili per i lettori di questo libro al sito www.carlobisio.com/blog ; per accedervi necessita iscriversi al blog e inviare successivamente una email di richiesta password all'indirizzo risorseformazione@cesvor.com; si riceveranno le istruzioni per accedere.

Questo scritto ha come obiettivo una *formazione di base* del formatore, non vengono trattati in profondità argomenti come la gestione di un *business game* o di un gioco di ruoli, né la gestione delle dinamiche complesse di un gruppo o altri argomenti per i quali occorra un'esperienza consolidata nel campo della formazione. Lo scopo è quello di fornire gli *strumenti di base* per una formazione alla sicurezza sul lavoro.

Cos'è il processo di formazione, quali ne sono le fasi

Oggi la formazione viene considerata uno degli interventi fondamentali per la sicurezza sul lavoro; questa consapevolezza deriva dal fatto che la persona viene ritenuta essere al centro della sicurezza; c'è anche una tendenza all'aumento degli obblighi di legge in tema di formazione per la sicurezza.

Si cercherà ora di definire che cosa si intende per *formazione*. Per poter realizzare una formazione effettiva ed efficace occorre pensarla come un processo completo. Una formazione che, come spesso accade, si focalizza quasi esclusivamente sui contenuti oppure addirittura sugli adempimenti formali, di solito "lascia il tempo che trova", o addirittura incrina il rapporto fra persone e organizzazione perché dà un'impressione di un'iniziativa "di facciata" e non a tutela delle persone e della loro incolumità.

Le fasi di un processo formativo completo vengono solitamente descritte come: analisi dei bisogni di formazione, progettazione, realizzazione delle attività didattiche, valutazione del processo e degli esiti. Le fasi vengono approfondite nel seguito di questo capitolo, e costituiranno lo schema utilizzato per il percorso di questo libro.

Analisi dei bisogni di formazione

Analizzare i *bisogni di formazione* comporta un lavoro di approfondimento dello *stato attuale* delle competenze – o delle altre caratteristiche sviluppabili con un intervento formativo, quali abilità o conoscenze – e/o di definizione dello *stato desiderato*; questa fase si chiede quindi *come sono attualmente* e *come devono diventare* le competenze, le conoscenze, le abilità di una persona, di un gruppo, di un'azienda. Lo *scarto fra come sono e come devono diventare è il bisogno di formazione*.

Talvolta si analizzano le necessità di formazione di una figura professionale, definendo che tipo di formazione può servire per formare un vigile urbano, o un operatore di call center, o un infermiere, attraverso metodologie proprie dell'analisi del lavoro, cercando di capire che cosa deve fare quella figura, con quali competenze.

Altre volte oggetto di analisi è un'azienda o un'unità organizzativa – ad esempio: che tipo di formazione serve al servizio manutenzione con tutte le sue professionalità interne quali operai, supervisori, impiegati, manager – oppure un tipo specifico di professionalità in un'azienda – esempio: quale formazione serve ai manutentori di una data azienda, presenti in diverse unità organizzative.

Occorre chiedersi quali sono le evoluzioni della tecnologia o del mercato, quali difficoltà si incontrano, quali punti di forza o di miglioramento vi sono per quella unità organizzativa o professionalità.

Nella sicurezza lavorativa, una puntuale analisi dei bisogni formativi deve prendere atto della valutazione dei rischi, ma anche dell'analisi degli infortuni ed incidenti che si sono verificati; non si deve trascurare di ascoltare direttamente le persone che rivestono ruoli rilevanti per la sicurezza – spesso si intervista un campione di lavoratori e supervisori, si ascoltano poi persone che rivestono altri ruoli con responsabilità per la sicurezza; talvolta si procede anche tramite un questionario. È anche opportuno verificare quale formazione è stata svolta in precedenza, con quali risultati, quali competenze sono effettivamente presenti; naturalmente per una buona pianificazione delle attività formative occorre rimanere al corrente dei cambiamenti sia esterni all'azienda – ad es. nuovi obblighi di legge – sia interni – quali movimenti di personale o assunzioni, quali cambiamenti organizzativi o di processo.

È evidente che il quadro normativo definisce *contenuti* di formazione, ma in ciò il legislatore non definisce un *bisogno* di formazione, vuole se mai garantire che il bisogno venga soddisfatto; il bisogno, nella sua specificità, va indagato a cura di chi deve organizzare la formazione. Se ad esempio la norma indica che al lavoratore va data una formazione circa l'uso di determinati dispositivi di protezione, non dice quali sono gli obiettivi didattici, i metodi, le modalità di valutazione, i materiali da usare, il tempo ottimale da dedicare – qualche volta solo i tempi minimi –, la numerosità del gruppo – qualche volta il numero massimo di partecipanti. Ma neppure – quasi mai – i contenuti di dettaglio, che possono ovviamente differire in contesti differenti o di fronte a gruppi di diversa esperienza o scolarità. Non è la conoscenza della norma – e neppure l'esame del documento di valutazione dei rischi – a risolvere il problema della progettazione di una formazione effettiva, che va invece affrontato con le categorie concettuali e metodologiche proprie della formazione degli adulti intesa come leva di sviluppo.

La progettazione didattica

Nel lavoro di *progettazione* si parte dalla conoscenza dei bisogni formativi, e si definiscono le modalità di svolgimento di un corso.

Occorre definire gli obiettivi di apprendimento (o obiettivi didattici), cioè i "guadagni formativi" dei partecipanti alle attività: *che cosa devono sapere o saper fare al termine dell'intervento*, quali competenze tecniche, procedurali, trasversali dovranno avere sviluppato. Gli obiettivi didattici sono gli obiettivi dei partecipanti alla formazione, ciò che "si portano a casa" come accrescimento della professionalità.

Dopo la definizione degli obiettivi didattici si compiono tutte le altre scelte progettuali: i contenuti della formazione, la sua durata, i metodi didattici, i supporti da fornire, le modalità di valutazione, l'architettura complessiva del percorso formativo, ecc. tenendo anche conto dei vincoli e delle opportunità presenti.

La fase di realizzazione delle attività didattiche

Vi sono poi i momenti di *realizzazione delle attività*, cioè la realizzazione del corso vero e proprio. In questi momenti la partecipazione alle attività formative crea – o almeno facilita – l'apprendimento, cioè l'acquisizione degli obiettivi didattici. Questa fase a volte ha una durata di poche ore, a volte di giorni o mesi. Le modalità possono essere le più diverse, in ragione di quanto stabilito in fase progettuale; si va dalla formazione in aula, a momenti di affiancamento o di *training on the job*, alla formazione individuale, all'*e-learning*, alla formazione outdoor, ecc.

La valutazione

Le attività di *valutazione* servono a costruire dei giudizi di valore attorno ai diversi aspetti dell'attività formativa. In termini più semplici servono a dire che cosa è andato bene o male. I giudizi che si esprimono devono essere utili a prendere decisioni[2].

Diversi sono gli aspetti che è possibile valutare in formazione, dalla *reazione* dei partecipanti – che reazioni hanno avuto durante il corso, quale livello di qualità hanno percepito, quali percezioni o emozioni hanno provato, quali dinamiche del gruppo si sono manifestate, ecc. –, ai loro *apprendimenti* – in che misura c'è stato un conseguimento degli obiettivi didattici

---

[2] Per un esame più approfondito si veda Bisio C. (a cura), *Valutare in formazione. Azioni, significati e valori*, Franco Angeli, 2002.

–, al *trasferimento degli apprendimenti* nelle situazioni operative – in che misura gli apprendimenti vengono applicati sul lavoro –, alla *ricaduta complessiva per l'organizzazione* – se gli infortuni sono diminuiti, se sono aumentate le proposte di miglioramento della sicurezza o le segnalazioni; in altre parole: in che misura sono colti gli *obiettivi complessivi della formazione*, e se vi sono *altri esiti inattesi*.

Il processo formativo è un insieme di attività la cui natura comporta che vi siano ampi margini di *partecipazione di diversi attori*. È quindi importante che nelle fasi descritte vengano coinvolti i ruoli principali – ad esempio alcuni lavoratori, loro rappresentanti, la direzione, le principali funzioni a staff come la formazione o la sicurezza, ecc. – in diversi momenti e con diverse modalità.

Analizzare i bisogni di formazione

La prima *domanda guida* che deve porsi un formatore incaricato di realizzare un intervento formativo è:

- "A che cosa deve servire l'intervento?"

La domanda, in altri termini, significa:

- "Quali sono i bisogni a cui deve dare risposta l'intervento formativo?"

Di fronte a questa domanda il formatore cercherà di raccogliere evidenze che aiutino a costruire o adattare un percorso formativo efficace e tarato sulle specifiche esigenze di un gruppo o di una popolazione a cui l'intervento è destinato.

Errori da non fare

Un primo errore da non fare:

- Sostituire la domanda guida sopra indicata con la domanda "Che cosa devo dire al gruppo?", "Di che cosa devo parlare?"

Questa è la domanda tipica dei formatori "centrati sul contenuto", che spesso tendono a confondere l'obiettivo della formazione con il "dire qualcosa di corretto in pubblico".

Partire dai contenuti non è una buona prassi.

Un secondo errore da non fare:

- Trovare la risposta alla domanda guida sopra indicata nella norma di legge

Conoscere o consultare le norme e le procedure può contribuire alla definizione dei bisogni di formazione, ma queste non possono essere fonti esaustive.

Alcuni punti per l'analisi dei bisogni di formazione per la sicurezza

- Occorre prendere visione dei principali documenti che possono riguardare le competenze o la formazione per la sicurezza. Un elenco non esaustivo di documenti che possono essere rilevanti:

- o il DVR (Documento di Valutazione dei Rischi);
- o il registro degli infortuni e/o le elaborazioni statistiche che periodicamente vengono fatte per monitorare il fenomeno infortunistico o quasi-infortunistico;
- o i dati e i risultati della formazione precedentemente svolta.

- Per una buona analisi dei bisogni è sempre bene basarsi anche sull'esito di colloqui. I colloqui dovranno essere rivolti ad alcune persone facenti parte della popolazione interessata, ma anche a ruoli interfaccia – ad es. alcuni loro superiori o collaboratori, colleghi di altri reparti a monte o a valle, ruoli a staff come sicurezza, risorse umane, ecc.; non si trascuri di sentire un rappresentante della direzione, qualche lavoratore con ruolo di rappresentanza, il medico del lavoro.

- I colloqui non devono essere una raccolta di desideri o di iscrizioni a un calendario di corsi; l'oggetto del colloquio devono essere piuttosto i problemi che le persone incontrano sul lavoro, gli episodi in cui la sicurezza è stata a rischio oppure è stata ben gestita, commenti alle criticità e ai punti forti della sicurezza, ecc.

- È bene fare dei sopralluoghi per prendere visione delle situazioni a rischio e di quelle ben gestite; dei comportamenti a rischio e di quelli sicuri; e dove possibile scambiare qualche parola con chi sta lavorando per cogliere un commento o un punto di vista.

- Si consideri di completare l'analisi, ove necessario, con questionari per conoscere gli atteggiamenti o la cultura di sicurezza, la percezione dei rischi, o le competenze presenti.

Un'analisi dei bisogni può essere una fase che si esaurisce in poche ore di lavoro; può essere ad esempio il caso di un corso già strutturato, in cui il formatore conosce già anche la realtà in cui verrà realizzato l'intervento formativo; altre volte consiste invece in una vera e propria fase molto consistente che richiede giorni di lavoro; ad esempio nel caso in cui occorra predisporre un piano di formazione per uno stabilimento o per un'azienda che ha più siti produttivi.

Come concludere la fase di analisi dei bisogni

- Prendere visione di tutto il materiale raccolto – nei colloqui, nell'analisi dei documenti rilevanti, nei sopralluoghi, nelle norme e procedure, ecc.;

- Individuare i punti che sono ricorrenti o particolarmente importanti e trascriverli in una breve relazione; probabilmente saranno stati raccolti anche molti elementi che riguardano il miglioramento del processo o di altri aspetti, che quindi non sono in relazione direttamente con la formazione; in tal caso farne oggetto di una parte specifica di relazione o di una relazione diversa – è bene separare i bisogni di formazione, che vanno soddisfatti nel processo formativo, da altri bisogni che è bene conoscere, ma per i quali è bene attivare altre leve – quali modifiche di procedure, di macchine, ecc.

- Discutere la breve relazione ottenuta, in cui si sintetizzano i punti salienti corredati con le principali evidenze raccolte, con alcuni dei ruoli che sono stati ascoltati durante i colloqui di cui sopra, per raccogliere un loro commento e validare la propria relazione.

- Proporre infine a chi rappresenta la committenza (ad es. la direzione aziendale) il report conclusivo.

Cosa accade se non si fa (e bene) l'analisi dei bisogni

Talvolta accade che l'analisi dei bisogni non venga svolta, e si cerchi di preparare un intervento sulla base di ciò che la tecnica o la norma dicono – formazione centrata sui contenuti o sulle responsabilità – ; in questo caso la formazione può:

- risultare molto corretta sul piano formale ma distante da ciò che serve realmente;

- oppure essere molto coinvolgente dal punto di vista dell'attività proposta al gruppo, ma restare una "bella parentesi" (poi si torna al lavoro e i problemi sono altri);

- le persone che partecipano potrebbero avere l'impressione che la formazione sia una cosa poco utile o distante dai loro veri problemi; o addirittura che sia un'iniziativa fatta formalmente per proteggere la posizione della direzione, senza una vera utilità per i partecipanti.

Esercizi per l'analisi dei bisogni di formazione

Scheda 1 (commenti a pag. 133)

Durante alcuni colloqui di analisi dei bisogni di formazione, un formatore rivolge alle persone che incontra le seguenti domande:

- "Quali corsi per la sicurezza credi che sarebbe bene realizzare per voi?"
- "Quali sono i punti di forza della formazione che avete fatto in passato?"

Quesiti per il lettore:

- Quali sono secondo te i punti deboli di colloqui fatti sulla base di queste due domande?
- Quali domande pensi che potrebbero essere rivolte ai lavoratori?
- Quali ai loro supervisori?

- Quali al rappresentante dei lavoratori?
- Quali ad un rappresentante della Direzione?

Scheda 2 (commenti a pag. 135)

Durante un'analisi dei bisogni di formazione si prende visione dei dati relativi al fenomeno infortunistico e quasi-infortunistico in un reparto di produzione. Prendendo in considerazione i 4 anni precedenti, sono stati collezionati 160 eventi fra cui 30 infortuni e 130 medicazioni – cioè interventi fatti in infermeria a seguito di episodi che non hanno comportato l'abbandono del posto di lavoro.

Fra i diversi dati raccolti, i seguenti sembrano fornire indicazioni sui bisogni di formazione. Essi sono riportati alle pagine successive.

Quesiti rivolti al lettore:

- In che modo secondo te questi dati facilitano la conoscenza dei bisogni di formazione?

- Ci danno forse altre indicazioni su azioni da svolgere al di là della formazione?

Ripartizione degli eventi per circostanza

Circostanza	N°	%
Colpito da	50	31.3
Urto contro	22	13.8
Contatto con	20	12.5
Schiacciato da	11	6.9
Tagliato con	11	6.9
Sollevando e spostando	8	5.0
Investito da	7	4.4
Salendo e scendendo da	6	3.8
Scivolamento	5	3.1
Incespicamento	5	3.1
Piede in fallo	4	2.5
(…)	(…)	(…)
Totale	*160*	*100.0*

Descrizione delle cause

Potevano essere inserite fino a 4 cause per ogni evento; si riportano solo le cause ricorrenti in almeno 10 eventi.

Causa	Numero di eventi in cui la causa è presente
Comportamento non idoneo	43
Inosservanza delle prescrizioni di sicurezza	30
Lavoro disagiato su macchine	27
Uso di DPI non adeguati	25
Varie	24
Proiezione di schegge	17
Presenza di vetro sul pavimento	13
Presenza di ostacoli fissi	13
Mancato uso dei dpi	12
Intasamento	11
Scarso senso di coordinamento o mancata intesa	10
Assenza di procedura operativa	10
(…)	

Scheda 3 *(commenti a pag. 137)*

Durante un'analisi dei bisogni di formazione viene proposto ai lavoratori un questionario relativo agli atteggiamenti nei confronti della sicurezza.

Le domande proposte sono *in forma di affermazione alla quale occorre rispondere "vero" o "falso"*.

Alcune risposte ottenute sembrano fornire indicazioni preziose.

Scrivi che cosa a tuo parere rivelano le risposte a ciascuna di queste domande, che sono state rivolte ai 45 dipendenti di un reparto di produzione; i questionari sono stati somministrati in forma anonima.

Domanda	I capi danno sempre il buon esempio per i comportamenti sicuri
Risultato	10 persone hanno risposto "Vero"
	28 hanno risposto "Falso"
	I restanti non hanno risposto

Le risposte potrebbero indicare che:

Domanda	A volte è complicato fare operazioni semplici, a causa delle macchine o delle procedure
Risultato	35 persone hanno risposto "Vero" 7 hanno risposto "Falso" I restanti non hanno risposto

Le risposte potrebbero indicare che:

Domanda	Se una procedura dice di fare in un modo, capisco sempre il perché
Risultato	8 persone hanno risposto "Vero" 30 hanno risposto "Falso" I restanti non hanno risposto

Le risposte potrebbero indicare che:

Scheda 4 (commenti a pag. 138)

Nella parte di sinistra sono riportate alcune fonti che possono essere consultate per l'analisi dei bisogni di sicurezza; nella parte a destra alcuni tipi di informazione.

Unisci le fonti con le informazioni pertinenti.

Documento di valutazione dei rischi	Esistenza di condizioni a rischio sul campo, o di comportamenti a rischio
Relazione sugli infortuni degli ultimi 2 anni	Difficoltà operative incontrate sul lavoro, ed episodi di gestione di momenti critici
Colloquio con il Datore di lavoro	Rischi presenti e tipo di formazione che il rischio richiede
Sopralluogo in reparto	Previsioni circa modifiche organizzative e strategie nella politica di sicurezza
Colloquio con un lavoratore	Dati per comprendere in che modo gli infortuni accadono

Scheda 5 (commenti a pag. 139)

Rispondi alle seguenti domande, indicando se l'affermazione è vera o è falsa

Per comprendere meglio i bisogni di formazione spesso è bene prendere visione dei dati circa gli eventi infortunistici o quasi-infortunistici	V	F
Occorre fare sopralluoghi nei reparti produttivi per individuare i bisogni di formazione, solo quando esplicitamente previsto nella norma o negli accordi	V	F
L'analisi dei bisogni formativi individua quelli che saranno poi i metodi per la realizzazione delle attività	V	F
L'analisi dei bisogni di formazione consiste in una richiesta di quali corsi sono prioritari ad alcuni testimoni qualificati	V	F
Il processo di formazione consiste in un corso di formazione	V	F
Il risultato di un'analisi dei bisogni di formazione deve tenere conto delle divere fonti consultate, e individuare i punti più importanti e ricorrenti	V	F
Sentire alcuni lavoratori e/o loro rappresentanti è una buona prassi per comprendere meglio i bisogni formativi	V	F

Progettare un intervento

Quando sono noti i bisogni di formazione ai quali occorre dare risposta, la *domanda guida* diventa la seguente:

- Attraverso quali attività è possibile generare un apprendimento trasferibile sul luogo di lavoro?

Si sottolineano alcune parole chiave, particolarmente importanti:

- "quali *attività*", e non "quali argomenti"; meglio pensare il percorso in termini di attività da proporre, fra cui probabilmente vi saranno anche alcune presentazioni di argomenti;

- le "attività" sono dei partecipanti alla formazione, non del formatore – ciò è importante dal punto di vista pratico e concettuale; compito del formatore è quello di attivare le persone;

- "generare un apprendimento", significa che le attività proposte devono consentire un guadagno di conoscenze, abilità, competenze, per i partecipanti; tenendo presente che talvolta il risultato della formazione deve essere una certezza – è il caso ad esempio della formazione su una procedura –, altre volte il risultato, almeno nell'immediato, è un dubbio – è il caso ad esempio di quando occorra mettere in discussione alcuni modi di fare o alcuni valori ai fini di sensibilizzare a nuovi modi di vedere il rischio, le procedure, l'aiuto reciproco fra operatori, ecc.;

- "trasferibile sul luogo di lavoro", significa che il tipo di apprendimento realizzato deve poter avere qualche conseguenza sui comportamenti concreti sul lavoro, direttamente o indirettamente.

Con questa domanda in mente, il formatore definirà le principali variabili della progettazione di un intervento; le principali variabili da definire sono le seguenti:

- gli obiettivi di apprendimento;
- i contenuti da proporre;

- i metodi da utilizzare;
- i tempi da allocare alle diverse attività;
- i materiali da distribuire ai partecipanti, e quelli che deve avere a disposizione il formatore;
- le modalità di valutazione degli apprendimenti;
- eventuali necessità di tipo logistico – ad es. spazi per lavori in gruppo, organizzazione di una macchina per una visita sul campo, ecc.

Errori da non fare

Un primo errore da non fare:

- Pensare che gli obiettivi di apprendimento siano gli argomenti da trattare.

In realtà i contenuti sono una parte dei mezzi con cui si arriva ad un fine – che è l'obiettivo di apprendimento.

Un secondo errore da non fare:

- Preparare una presentazione, e credere di avere progettato un percorso formativo.

Troppo spesso si sentono persone dire "Ho preparato il corso" intendendo con ciò che hanno preparato una presentazione di diapositive che illustrano i contenuti; senza alcuna riflessione sugli obiettivi di apprendimento o sui metodi per ottenere il coinvolgimento dell'uditorio.

Il materiale didattico deve comprendere sia i supporti che serviranno per la presentazione che documenti a supporto delle altre attività; se l'unico materiale è una presentazione di diapositive, probabilmente non è stata concepita una sufficiente varietà di attività in un incontro formativo.

Nel seguito si tratterà di come definire obiettivi di apprendimento.

Come individuare gli obiettivi di apprendimento

Per definire un obiettivo di apprendimento occorre terminare la frase che inizia in questo modo:

- "Al termine i partecipanti saranno in grado di …"

L'obiettivo di apprendimento è il tipo di abilità che il partecipante dovrà riuscire ad esibire al termine del corso per poter dire di avere superato con successo il corso.

Ad esempio, fra questi quattro, vi è un obiettivo didattico e altri tre che non lo sono; prova a individuare quello corretto:

1. Descrivere le responsabilità del preposto per la sicurezza

2. Trasmettere un messaggio chiaro circa le responsabilità che la nostra azienda ha sugli appalti

3. Acquisire una maggiore consapevolezza verso i comportamenti sicuri

4. Fare segnalazioni di situazioni a rischio.

Il primo è a pieno titolo un obiettivo di apprendimento, in quanto può essere un obiettivo che:

- è possibile richiedere di esibire al termine di un corso (ad esempio in un questionario o un colloquio finale);

- deve essere esibito da parte di partecipanti;

- senza dover ritornare al luogo di lavoro; si noti che il trasferimento degli apprendimenti al contesto lavorativo è importante, ma è altro dal raggiungimento degli obiettivi di apprendimento, che vanno verificati al termine di un percorso[3].

Il secondo è, se mai, un obiettivo del formatore (infatti il verbo "trasmettere" descrive un'azione del formatore); l'obiettivo di apprendimento invece è sempre espresso come obiettivo del partecipante; quindi lo stesso obiettivo dovrebbe essere espresso nel seguente modo: "Al termine i partecipanti saranno in grado di descrivere le responsabilità proprie e degli altri ruoli aziendali, per quanto riguarda la sicurezza, nel contesto di un appalto".

Il terzo non usa un verbo che descrive un comportamento osservabile; se non è osservabile non è un obiettivo; se, come in questo caso, può essere espresso in forma osservabile, allora è bene riformularlo; ad esempio in questo modo: "Al termine i partecipanti saranno in grado di individuare efficacemente i rischi in una situazione di lavoro, e di descrivere i comportamenti sicuri per ridurre i rischi presenti", oppure in altra forma che sia coerente con i bisogni formativi

---

[3] Naturalmente un percorso può consistere anche in un'alternanza fra momenti di formazione e di lavoro; in questo caso la distinzione fatta tende ad essere meno utile.

da soddisfare, e che contenga un verbo osservabile perché sia utile per preparare un questionario o un esame finale.

Il quarto non descrive un'azione che possa essere fatta durante o al termine di un corso, dal momento che richiede un comportamento che si può tenere solo sul lavoro e non in un contesto simulato; lo stesso problema si ha ogni volta che si lavora sulla formazione alle emergenze.

E' quindi un obiettivo – importante – di trasferibilità degli apprendimenti. Per formulare correttamente un obiettivo di apprendimento in tal caso occorrerebbe dire: "Al termine del corso saranno in grado, data la descrizione di una situazione a rischio, di compilare in modo corretto la modulistica per segnalare tale situazione, di descrivere in modo corretto come applicare la relativa procedura (a quali ruoli segnalare, in quali tempi, ecc.)".

In definitiva: **l'obiettivo di apprendimento è ciò che può essere richiesto, almeno in linea di principio, durante una prova di apprendimento per valutare il superamento del corso** (anche se una vera prova di apprendimento non venisse effettuata).

Qual è l'utilità di definire gli obiettivi didattici

Definire correttamente obiettivi didattici serve per:

- scegliere in modo coerente i contenuti e i metodi didattici;
    - se il verbo che descrive l'obiettivo è di tipo più "cognitivo", ad esempio descrivere, scegliere, individuare, ecc. sono coerenti modalità formative come la presentazione;
    - se il verbo è di tipo pratico, ad esempio "saprà compilare", "applicare", "condurre", ecc., sono appropriate modalità di tipo pratico come la dimostrazione, la simulazione, l'esercitazione, ecc.
- definire in modo coerente le modalità di valutazione degli apprendimenti;
    - per il primo tipo di verbi di cui al punto precedente, possono essere indicati questionari o altre modalità "carta e penna";

- per il secondo tipo di verbi, è bene scegliere prove pratiche o altri metodi simili.

Quali altre scelte da fare in fase di progettazione

La progettazione di un intervento formativo richiede che dopo avere definito gli obiettivi di apprendimento vengano fatte le seguenti scelte:

- *contenuti*: ovvero gli argomenti da trattare; spesso si tratta di un lavoro di scelta per mirare al meglio i contenuti avendo bene in mente gli obiettivi didattici; meglio rifuggire la tentazione di mettere dentro tutti i contenuti, spesso una selezione mirata fatta alla luce degli obiettivi è meglio;

- *metodi*: il tipo di attività da proporre al gruppo; nel seguito alcune idee su attività da proporre (l'elenco non è per nulla esaustivo):

    - la classica *presentazione*; purché essa sia fatta in modo coinvolgente e rendendo attivi i presenti (con discussione, domande, ecc.);

- l'utilizzo di *video*; può trattarsi di video specifici per il tipo di formazione, oppure di spezzoni di film o altri prodotti;

- l'utilizzo di *fotografie*; queste possono essere proiettate per una discussione in plenaria oppure stampate e fornite ai partecipanti per una discussione in sottogruppi;

- *questionari*, attraverso i quali i partecipanti possano fare alcune riflessioni o prendere posizione rispetto ad una domanda; starà poi al formatore gestire il cosiddetto "debriefing" consentendo un confronto fra le persone;

- un *lavoro in sottogruppi*, per facilitare la partecipazione e richiedere l'impegno da parte di tutti in una discussione in ambito più ristretto rispetto al gruppo plenario;

- l'*analisi di un incidente*, in cui i partecipanti debbano discutere per individuare le cause o quali comportamenti avrebbero potuto evitarlo;

o *dimostrazioni* ed *esercitazioni pratiche* in campo; sapendo che il confine fra *l'addestramento* e *la formazione fatta in campo* è il seguente:

- *l'addestramento* è fatto per acquisire abilità pratiche (ad esempio ai partecipanti si richiede di esercitare su un impianto delle abilità tecniche e procedurali, con un formatore o un supervisore che fornendo feedback sollecita degli apprendimenti);

- *la formazione fatta in campo* utilizza situazioni pratiche per aumentare il bagaglio culturale del partecipante. Ad es. in un momento di visita ad un reparto di produzione i partecipanti sono chiamati a individuare quali sono i rischi presenti, e le misure messe in atto per ridurli; una discussione in aula potrebbe chiudere efficacemente questa unità di apprendimento;

- i *tempi* necessari per lo svolgimento delle attività; talvolta è possibile proporre un tempo complessivo per l'azione formativa ("servono 3 ore"); anche quando la norma stabilisce un certo numero di ore, si tratta sempre di una soglia minima, non di un obbligo. Più spesso si prende atto di un numero di ore prestabilito (ad es. "l'intervento dovrà essere condotto in 2 ore"), e occorre decidere come suddividere tale lasso di tempo in diverse unità di apprendimento, fra di loro collegate in modo organico, per sfruttare al meglio l'incontro.

Nella progettazione dell'intervento molto si può fare per quella che sarà poi la gestione del tempo in fase di realizzazione:

- o sapere bene quanto tempo si avrà a disposizione (si tenga conto ad esempio delle pause, dei tempi per le domande o le discussioni, per i questionari finali), decidere come ripartire tale tempo nelle diverse parti dell'intervento;

- se invece non vi sono a priori vincoli di tempo (nel senso che può essere fatta una proposta circa la lunghezza dell'intervento), chiedersi: quanto è opportuno che duri l'intervento per essere completo e non stancare i partecipanti?
- sono abbastanza opinabili tutti i suggerimenti sulla durata dell'attenzione: occorre infatti tenere conto dello stile del relatore, del numero di persone presenti, delle condizioni di spazio, luce, temperatura, comfort in generale, dell'orario e della stanchezza, dell'interesse degli uditori verso l'argomento – quanto li tocca da vicino? –; ad ogni modo alcuni suggeriscono che un intervento non superi i 40 minuti senza prevedere interruzioni; fino ad un'ora, se lo stile è coinvolgente, può essere fatta una presentazione senza interruzioni;

- i *materiali* che devono essere forniti ai partecipanti e quelli che deve avere a disposizione il formatore; si veda il capitolo apposito in questo libro;

- le *modalità di valutazione degli apprendimenti*; anche su questo si veda il capitolo apposito; esse devono però venir definite in fase di progettazione didattica: fare un questionario? una prova pratica? un colloquio? di quale livello di difficoltà? con quanto tempo a disposizione?

Come concludere la fase di progettazione

- Predisporre un *documento* in cui siano riportate le scelte fatte; nella prassi, tale documento spesso è fatto in forma di *matrice* (si veda l'esempio poco più avanti).

- Verificare la *coerenza* in ogni riga della matrice fra obiettivi, contenuti, metodi, tempi, modalità di valutazione; modificare al bisogno fino a quando non si riscontri una buona coerenza; si parla di *incoerenza* se ad esempio vi siano obiettivi di tipo pratico e metodi di tipo solo teorico; oppure molti argomenti da trattare e poco tempo a disposizione; o ancora obiettivi di tipo pratico e una valutazione di tipo solo "carta e penna".

- Proporre il documento messo a punto ad alcuni testimoni qualificati che possano fornire suggerimenti e indicazioni di miglioramento, e a chi rappresenta la committenza del corso. Meglio non dimenticarsi neanche in questa fase della vocazione partecipativa che il processo di formazione deve avere.

Cosa accade se non si fa (e bene) la progettazione

Seguire i passaggi sopra indicati in modo esplicito e consapevole consente di evitare ad esempio i seguenti inconvenienti:

- accorgersi al termine della formazione che sono stati trattati bene tutti gli argomenti, ma che non sono stati raggiunti apprendimenti spendibili sul campo (mancanza di definizione di obiettivi di apprendimento, formazione centrata sui contenuti e non sugli obiettivi);

- se un intervento viene fatto per la prima volta, non avere un'ipotesi credibile circa i tempi necessari per lo svolgimento delle diverse attività;
- ritrovarsi a fare una valutazione degli apprendimenti solo formale, in cui un questionario di domande a scelta multipla funga da strumento, senza chiedersi in che modo ciò rispecchi gli obiettivi didattici stabiliti a monte.

Un esempio di documento di progettazione

Si immagini di dover progettare un corso di formazione generale per lavoratori, il cui programma di argomenti è definito in base ad una norma.

Un'analisi di bisogni di formazione condotta presso un'azienda ha portato e formulare gli obiettivi didattici di seguito descritti.

Obiettivi didattici per la formazione "generale" per la sicurezza ai lavoratori

1. **Rischio, danno, prevenzione e protezione**
   Al termine del modulo i partecipanti saranno in grado di ...
   1.1. Saper definire i concetti di rischio, danno, prevenzione e protezione
   1.2. Data la descrizione di una situazione di lavoro, saper individuare i rischi presenti, descrivere i danni possibili, e alcune possibili misure di prevenzione e protezione
   1.3. Nella propria situazione di lavoro, saper individuare alcuni rischi presenti, descrivere i danni possibili, e alcune possibili misure di prevenzione e protezione

2. **L'organizzazione della prevenzione aziendale**
   Al termine del modulo i partecipanti saranno in grado di ...
   2.1. Saper descrivere l'organizzazione della sicurezza in azienda secondo il quadro normativo, e i ruoli che ne fanno parte

3. **Diritti, doveri e sanzioni per i vari soggetti aziendali**
   Al termine del modulo i partecipanti saranno in grado di ...
   3.1. Saper descrivere le responsabilità dei principali attori aziendali della sicurezza secondo il quadro normativo
   3.2. Data la descrizione di una situazione di lavoro, saper individuare alcuni dei principali doveri e diritti dei soggetti aziendali

4. **Organi di vigilanza, controllo e assistenza**
   Al termine del modulo i partecipanti saranno in grado di ...

4.1. Saper descrivere quali sono i principali organi di vigilanza, controllo e assistenza

---

A valle della definizione degli obiettivi didattici è stata messa a punto la progettazione di dettaglio delle attività riportata nelle pagine seguenti.

Progettazione per la formazione "generale"
per la sicurezza ai lavoratori

Modulo 0
Attività introduttiva: il percorso, i partecipanti

Obiettivo	Metodo / Tempo	Materiale didattico
Contribuire al raggiungimento degli obiettivi successivi attraverso la predisposizione del contesto sociale e la conoscenza del percorso	Descrizione guidata da diapositive Attività di "rompighiaccio" **Tempo:** 30'	Diapositive e/o lettura

Modulo 1
Rischio, danno, prevenzione e protezione

Obiettivo didattico	Metodo / Tempo	Materiale didattico
1.1 Saper definire i concetti di rischio, danno, prevenzione e protezione	Descrizione guidata da diapositive **Tempo:** 30'	Diapositive
1.2 Data la descrizione di una o più situazioni di	Esercitazione in plenaria o sottogruppi con la descrizione di una	Esercitazione con la descrizione di una situazione di lavoro

lavoro, saper individuare i rischi presenti, descrivere i danni possibili, e alcune possibili misure di prevenzione e protezione	situazione di lavoro in base alla quale individuare gli elementi richiesti, con discussione in plenaria **Tempo:** 30'	
1.3 Nella propria situazione di lavoro, saper individuare alcuni rischi presenti, descrivere i danni possibili, e alcune possibili misure di prevenzione e protezione	Questionario individuale per l'individuazione degli elementi richiesti nella propria realtà lavorativa, con discussione in plenaria **Tempo:** 30'	Questionario

Modulo 2
L'organizzazione della prevenzione aziendale

Obiettivo didattico	Metodo / Tempo	Materiale didattico
2.1 Saper descrivere l'organizzazione della sicurezza in azienda secondo il quadro normativo, e i ruoli che ne fanno parte	Descrizione guidata da diapositive **Tempo:** 30'	Diapositive

Modulo 3

Diritti, doveri e sanzioni per i vari soggetti aziendali

Obiettivo didattico	Metodo / Tempo	Materiale didattico
3.1 Saper descrivere le responsabilità dei principali attori aziendali della sicurezza secondo il quadro normativo	Descrizione guidata da diapositive **Tempo:** 30'	Diapositive
3.2 Data la descrizione di una situazione di lavoro, saper individuare alcuni dei principali doveri e diritti dei soggetti aziendali	Esercitazione in plenaria o sottogruppi con la descrizione di una situazione di lavoro in base alla quale individuare gli elementi richiesti, con discussione in plenaria **Tempo:** 30'	Esercitazione con la descrizione di una situazione di lavoro *(la stessa situazione di cui all'unità 1.2)*

Modulo 4

Attività conclusiva: la valutazione delle conoscenze acquisite

Obiettivo	Metodo / Tempo	Materiale didattico
Contribuire alla valutazione del	Test e sua discussione	Test di conoscenza sul raggiungimento degli

raggiungimento degli obiettivi didattici attraverso un test di conoscenze e relativa discussione	**Tempo:** 30'	obiettivi didattici delle unità precedenti

Si noti che nei moduli 0 e 4 non è stato indicato un "obiettivo di apprendimento" come negli altri. Infatti non si tratta di obiettivi di apprendimento che possano essere valutati in una prova finale; sono piuttosto obiettivi di conduzione del formatore.

Esercizi per la progettazione di un intervento

Scheda 6 (commenti a pag. 140)

Individua, nella seguente progettazione di un corso sui dispositivi di protezione individuale (DPI), i punti deboli secondo la metodologia descritta al capitolo precedente.

Obiettivi di apprendimento	Al termine i partecipanti saranno in grado di: descrivere quali sono i DPI necessari nelle diverse attività che svolgono scegliere fra i DPI in dotazione quelli richiesti da specifiche attività; utilizzare efficacemente ogni DPI in dotazione.
Argomenti	Cenni sulla evoluzione del quadro normativo Categorie di DPI, quali sono richiesti nelle diverse attività di lavoro Utilizzo dei DPI

Metodi	Presentazione supportata da diapositive Dimostrazione pratica del docente
Modalità di valutazione	Questionario a scelta multipla
Tempo	Per un gruppo di 15 persone: 1 ora

Scheda 7 (commenti a pag. 141)

Completa la seguente progettazione con gli elementi mancanti, facendo in modo che essi siano coerenti con gli elementi presenti.

Tieni conto che si tratta di un breve corso di formazione sul comportamento in caso di incendio, per gli uffici di un'azienda, in un centro direzionale.

Obiettivi di apprendimento	Al termine i partecipanti saranno in grado di: • • •
Argomenti	La procedura in caso di incendio (come eventualmente segnalare un inizio di incendio, segnale sonoro di evacuazione, segnaletica, vie di esodo, punto di raccolta, ecc.) Comportamenti da tenere e da evitare Il ruolo della squadra di emergenza
Metodi	• • •
Modalità di valutazione	Questionario a scelta multipla Simulazione di esodo (con valutazione)
Tempo	2 ore

Scheda 8 (commenti a pag. 143)

Formula gli obiettivi didattici di un corso in cui occorra preparare dei manutentori ad operare secondo una procedura di sicurezza (LOTO o altra simile).

Trova degli obiettivi verosimili. Al termine verifica:

- Che si tratti di obiettivi dei partecipanti e non dei docenti;

- Che i verbi utilizzati siano osservabili e pertinenti ai compiti dei manutentori.

Al termine del corso i partecipanti saranno in grado di:

-
-
-
-

Scheda 9 (commenti a pag. 144)

Unisci i metodi didattici sulla destra con gli obiettivi di apprendimento più pertinenti dichiarati nella colonna di sinistra.

Definire i concetti di rischio e pericolo	Analisi di un caso e discussione in sottogruppi
Mettere in pratica concretamente una procedura	Gioco di ruoli (simulazione di una situazione relazionale)
Fare valutazioni circa la qualità di un piano antincendio	Presentazione di diapositive con breve discussione
Esercitare ascolto in modo efficace nei confronti dei propri colleghi	Analisi di fotografie e descrizioni di situazioni di lavoro in sottogruppo
Individuare in situazioni di lavoro i fattori di rischio presenti	Dimostrazione pratica e successivamente esercitazione pratica

Scheda 10 (commenti a pag. 145)

Unisci gli obiettivi didattici sulla sinistra con le modalità di valutazione più pertinenti dichiarate nella colonna di destra.

Definire i concetti di rischio e pericolo	Simulazione di una situazione relazionale (gioco di ruoli) oppure colloquio
Mettere in pratica concretamente una procedura	Colloquio a partire da un caso di studio
Fare valutazioni circa la qualità di un piano antincendio	Questionario a scelta multipla o vero/falso
Esercitare ascolto in modo efficace nei confronti dei propri colleghi	Questionario a scelta multipla o colloquio, a partire dalla descrizione di situazioni di lavoro
Individuare in situazioni di lavoro i fattori di rischio presenti	Esercitazione pratica in campo

Scheda 11 (commenti a pag. 146)

Rispondi alle seguenti domande, indicando se l'affermazione è vera o è falsa

La definizione di obiettivi didattici è in sostanza una descrizione degli argomenti da trattare nel corso	V	F
Un metodo didattico è il tipo di attività che viene proposto ad un gruppo, per raggiungere obiettivi di apprendimento	V	F
Un questionario di apprendimento con modalità carta e penna va sempre bene, in quanto rimane la documentazione agli atti	V	F
Se un obiettivo di apprendimento è di tipo pratico, i metodi devono consentire la messa in pratica, almeno in modo simulato	V	F
I verbi che vengono scelti per descrivere gli obiettivi didattici sono importanti per scegliere i metodi didattici e le modalità di valutazione degli apprendimenti	V	F
Un lavoro in sottogruppi può essere scelto come metodo quando il risultato di un corso passi più facilmente attraverso il confronto fra colleghi	V	F
Il seguente è un metodo didattico "Una fotografia di una situazione di lavoro"	V	F
Il seguente è un obiettivo di apprendimento "Al termine conosceranno il concetto di rischio"	V	F

Preparare i materiali

In base a quanto è stato fino a qui detto, nessun materiale può essere efficace:

- se non viene utilizzato all'interno di un insieme di attività progettate a partire da *obiettivi didattici* e con una progettazione che veda la *coerenza* fra obiettivi e altre scelte progettuali;
- se gli obiettivi non sono stati definiti a valle di una *analisi dei bisogni di formazione*.

Detto questo, esistono delle buone prassi per la preparazione di materiali didattici.

Errori da non fare

Un primo errore da non fare:

- Pensare di avere risolto il problema dei materiali quando è stato preparata una presentazione di diapositive che il docente utilizzerà in aula

La formazione troppo dipendente dalla presentazione rischia di non essere in molti casi una buona formazione, in quanto si rischia che il ruolo del formatore e dei partecipanti sia debole, e che la formazione possa quasi essere sostituita dalla distribuzione e lettura individuale delle diapositive; se è così, in genere non è una buona formazione poiché non valorizza le risorse presenti.

Per esercitarsi a preparare una formazione più efficace si può provare a fare questo esercizio: si immagini di non avere a disposizione tecnologie per la proiezione, e si decida in che modo gestire un incontro senza di esse. Una volta fatto questo, si può allora definire qual è il posto da dare ad una presentazione (o a più brevi presentazioni) all'interno di un incontro gestito diversamente.

Un secondo errore da non fare:

- Trascurare di predisporre materiali di tipo audiovisivo (video, foto) che possono servire da rompighiaccio o da approfondimento; oppure materiali cartacei da distribuire per coinvolgere in attività il gruppo.

Questo solitamente avviene quando il formatore è centrato sui contenuti piuttosto che sul rendere attivi i partecipanti; e si concentra quindi su una presentazione di diapositive *che aiuta se stesso* e non su altri materiali *che aiuterebbero il gruppo di partecipanti*.

Alcuni punti per la preparazione dei materiali didattici

- Chiedersi in che modo i materiali che si stanno preparando:
    - coinvolgono e attivano i partecipanti;
    - facilitano il loro apprendimento;
    - veicolano ai partecipanti gli argomenti e i concetti definiti nella progettazione (e solo quelli, possibilmente).
- Individuare quali attività necessitano di materiali da distribuire per attivare i partecipanti (brevi

questionari, checklist per la riflessione individuale o in sottogruppi, ecc.).

Buone prassi per la preparazione di una presentazione di diapositive

- Si tenga conto di un numero di diapositive orientativo[4] pari a:
    - 10-12 se la presentazione dura un quarto d'ora; ma:
    - 15-20 se dura mezz'ora;
    - non più di 30 se dura un'ora (questo significa: un'ora si diapositive una in media ogni due minuti)
- se il numero è più alto di questo standard in modo significativo, probabilmente si sta preparando una

---

[4] E' difficile dare degli standard poiché molto dipende dal tipo di diapositive e dal loro utilizzo. Vi sono diapositive piene di scritte (e ciò non è in genere una buona prassi) per commentare ciascuna delle quali occorrono anche 10 – 12 minuti; e altre che al contrario contengono solo un'immagine o una frase, per le quali mezzo minuto è sufficiente. Ci si riferisce nel seguito a slide che veicolino contenuti, e che non abbiano più di 7 – 8 righe da leggere.

presentazione centrata sui contenuti, potenzialmente difficile da seguire e che forse si rivelerà noiosa; se i contenuti sono molti, si valuti di:

- o preparare una presentazione dei contenuti più significativi, sui quali discutere e rendere attivi i partecipanti; ed una seconda presentazione più completa da stampare e consegnare al termine, da usare per approfondimenti e consultazioni successive;
- o oppure rivedere la progettazione fatta (obiettivi, tempi, metodi, ecc.), rendendola più coerente con le esigenze di apprendimento dei partecipanti.

- Dal momento che la formazione deve prevedere attività varie, si prenda a riferimento un'ora come soglia dopo la quale occorre cambiare attività; ecco perché ogni fase di presentazione non dovrebbe prevedere più di 25 - 30 diapositive per essere efficace (cfr. punto precedente).

- È una buona prassi includere soltanto un concetto o principio per ogni diapositiva; ed evidenziare, o in grassetto o in altro colore, alcune parole chiave; i partecipanti dovrebbero essere in grado di comprendere il contenuto in 10-15 secondi; e concentrarsi poi su ciò che il formatore aggiunge a voce.

- Usare un corpo dei caratteri (cioè la grandezza di ciò che è scritto) in modo tale che sia facilmente leggibile anche da parte di chi sta nella parte più lontana della sala; ad esempio un carattere 40 per il titolo, 32 per sottotitoli, 24 per il testo.

- Usare lo stesso sfondo per tutte le diapositive (oppure per la stessa sezione); evitare uno sfondo bianco se si userà la presentazione in una sala oscurata: potrebbe abbagliare.

- Cercare la varietà di caratteri, colori e immagini, ma evitare troppa varietà nella stessa diapositiva, che potrebbe distrarre o confondere.

- Facilitare la ricerca delle informazioni importanti, usando ad esempio:

    o frecce per portare l'attenzione su parti di diapositiva o immagine

    o grassetto o altro colore per evidenziare le parole chiave importanti

    o cerchi attorno a elementi da evidenziare

- Se una diapositiva è molto complessa (ad esempio un diagramma o uno schema), valutare se farne una stampa per consentire alle persone di vedere da vicino i dettagli; in questo caso, distribuire la stampa al momento in cui serve, non all'inizio della presentazione.

Esercizi per la preparazione dei materiali

Scheda 12 (commenti alla pag. 148)

Individua alcuni margini di miglioramento nella diapositiva riportata alla pagina seguente.

Prova a farne una migliore.

Chiediti:

- È sufficiente che una diapositiva riporti dati corretti?
- Che cosa rende attivi e coinvolti i partecipanti?

D. LGS 81/2008 - ART. 20

Articolo 20 Obblighi dei lavoratori

1. Ogni lavoratore deve prendersi cura della propria salute e sicurezza e di quella delle altre persone presenti sul luogo di lavoro, su cui ricadono gli effetti delle sue azioni o omissioni, conformemente alla sua formazione, alle istruzioni e ai mezzi forniti dal datore di lavoro.

Scheda 13 (commenti a pag. 151)

Sintetizza in una diapositiva efficace il seguente testo.

"*preposto*: persona che, in ragione delle competenze professionali e nei limiti di poteri gerarchici e funzionali adeguati alla natura dell'incarico conferitogli, sovrintende alla attività lavorativa e garantisce l'attuazione delle direttive ricevute, controllandone la corretta esecuzione da parte dei lavoratori ed esercitando un funzionale potere di iniziativa."

Per fare ciò identifica le *parole chiave* (che puoi evidenziare) o i *concetti principali* (che puoi separare l'uno dall'altro), poi trova uno *stile* meno freddo e più colloquiale; infine introduci qualche *elemento grafico* (non necessariamente fotografie).

Scheda 14 (commenti a pag. 152)

Sintetizza in una diapositiva efficace il concetto di "rumore" utile secondo l'obiettivo di apprendimento seguente:

> "Al termine i partecipanti saranno in grado di definire correttamente il concetto di rumore".

Per fare questo:

- Trova una definizione di rumore su qualche fonte scientifica, divulgativa, normativa
- Evidenzia le parole chiave o i concetti fra di loro separabili
- Trova un linguaggio appropriato al tipo di uditorio
- Individua infine modalità grafiche che rendano facilmente leggibile e memorizzabile la diapositiva.

Scheda 15 (commenti a pag. 154)

Individua quali materiali sono da preparare per la seguente lezione (il riferimento è a ogni tipo di materiale, elettronico, cartaceo, e di altro tipo).

Obiettivo didattico	Metodo / Tempo	Materiale didattico
1.1 Saper definire i concetti di rischio, danno, prevenzione e protezione	Descrizione guidata da diapositive **Tempo:** 30'	Diapositive
1.2 Data la descrizione di una o più situazioni di lavoro, saper individuare i rischi presenti, descrivere i danni possibili, e alcune possibili misure di prevenzione e protezione	Esercitazione in plenaria o sottogruppi con la descrizione di una situazione di lavoro in base alla quale individuare gli elementi richiesti, con discussione in plenaria **Tempo:** 30'	Esercitazione con la descrizione di una situazione di lavoro
1.3 Nella propria situazione di lavoro, saper individuare alcuni rischi presenti, descrivere i danni possibili, e alcune possibili misure di prevenzione e protezione	Questionario individuale per l'individuazione degli elementi richiesti nella propria realtà lavorativa, con discussione in plenaria **Tempo:** 30'	Questionario

Materiali per l'unità 1.1

Materiali per l'unità 1.2

Materiali per l'unità 1.3

Scheda 16 (commenti a pag. 155)

Prepara una presentazione di diapositive (o prendine in considerazione una già esistente).

Su di essa intervieni per migliorarla utilizzando la seguente griglia.

- Riesci a dire a quali obiettivi di apprendimento è funzionale la presentazione fatta? (elencali, ciò suggerirà anche come utilizzarla)
- Quanto tempo avrai a disposizione per gestire la presentazione fatta? (verifica che il rapporto fra tempo e quantità materiali sia adeguato)
- Il carattere con cui hai scritto i testi è sufficiente per essere letto anche a distanza? (non meno di 24 per il testo; i titolo devono essere più alti)
- Vi è un linguaggio con il giusto livello di formalità richiesto dal tipo di audience? (spesso colloquiale è meglio; altre volte più formale ed elegante)

- Hai evidenziato, o in qualche modo dato risalto, alle parole chiave più importanti?

- Hai scomposto i concetti per una presentazione meno formale e più facile da memorizzare?

- Hai introdotto qualche domanda per suggerire una riflessione a chi ascolta?

- Hai introdotto qualche elemento grafico, e usato colori e sfondo gradevoli e che non disturbino la lettura?

Gestire un incontro di formazione

La comunicazione nei momenti di formazione deve avere una caratteristica fondamentale: essere chiara. Questo non è l'unico requisito, ma è importante.

Questa conclusione rischia di essere banale se non si riflette adeguatamente sul termine "chiarezza".

In realtà il messaggio in sé spesso non è né chiaro né oscuro; la chiarezza non è una caratteristica del messaggio, in quanto lo stesso messaggio può essere molto chiaro ad una persona e molto meno ad un'altra persona[5]. Pensiamo ad un messaggio rivolto ad un gruppo in cui alcuni sono specialisti di un certo tema e padroni del relativo vocabolario, e riescono quindi a

---

[5] Anche se qualcuno distingue la chiarezza (caratteristica del messaggio, relativa all'uso appropriato di un codice) dalla comprensibilità (adeguatezza del messaggio alle caratteristiche di un target), preferisco qui considerare le due cose come integrate; infatti una competenza del ricevente riesce spesso a supplire a carenze del messaggio; oppure una scarsa motivazione genera difficoltà anche nella decodifica più semplice.

comprendere tutto il messaggio, mentre altri sono meno abituati a quel tipo di tema e del relativo lessico, avendo così una grande difficoltà nella comprensione.

La chiarezza è un rapporto: è il rapporto che esiste fra alcune caratteristiche del messaggio ed alcuni requisiti di chi ascolta.

Ecco perché occorre conoscere il tipo di partecipanti, in modo da tarare il messaggio sul loro linguaggio, le loro competenze, le loro motivazioni.

Per le presentazioni in pubblico, si tengano presenti alcuni principi illustrati nel seguito.

La chiarezza a se stessi del proprio obiettivo è importante

In ragione dell'obiettivo, le strategie di comunicazione e le evidenze di risultato che devono pilotare il formatore sono molto diverse.

Come li coinvolgo?

Non basta sapere cosa dire e dire cose corrette, anche se naturalmente queste sono cose importanti; una gran parte del successo di una presentazione è fatta dal coinvolgimento che genera nei presenti. Coinvolgimento che non deve essere lasciato al caso. Le strategie di coinvolgimento possono basarsi ad esempio su:

- ❖ l'uso di messaggi "vividi": immagini, filmati, dimostrazioni;

- ❖ l'uso di domande – anche se a volte non è richiesto che i presenti rispondano –, sentire un concetto espresso in forma interrogativa comporta un'attivazione degli uditori; se poi è richiesto che i presenti rispondano, l'effetto è ancora più incisivo;

- ❖ l'uso di esempi, il racconto di episodi, di aneddoti.

Gestione del tempo

Tenere sotto mano un orologio e consultarlo chiedendosi "Sono in tabella di marcia?"; se in ritardo: "cosa posso tagliare?"; se in anticipo "su cosa posso tornare o cosa posso proporre? approfondimento? altri argomenti? domande al relatore?". È chiaro come questi aspetti non dovrebbero essere improvvisati, ma in fase di progettazione è possibile pensare alle cose essenziali e quelle da introdurre solo se c'è tempo; oppure ad attività o approfondimenti da proporre se si sta chiudendo in anticipo.

Per la gestione del tempo, attribuire rilevanza ai segnali verbali e non verbali di attenzione da parte del gruppo è molto importante: capire quando e se interrompere, quando e se cambiare attività, o comunque raccogliere segnali di interesse/disinteresse, accordo/disaccordo, ecc.

Gestione dei canali sensoriali

Utilizzare diversi canali sensoriali per una presentazione non può che portare giovamento, sia per la varietà – che solitamente genera un'attenzione più prolungata – sia per la maggiore efficacia nella "trasmissione" di significati.

Occorre quindi gestire (ma prima progettare) tale varietà utilizzando i diversi canali sensoriali dei partecipanti:

- *immagini* (canale visivo); oggi si usano normalmente videoproiettori, lavagne di diverso tipo, filmati; si sottovaluta l'importanza della gestualità e di altri segnali non verbali;

- suoni (canale auditivo); di solito le parole dette o scritte; ma talvolta la musica; e la varietà nella voce (volume, tono, ecc.);

- sensazioni di tipo tattile o interno: l'esperienza diretta in generale (canale cenestesico); non sempre è facile sollecitare nelle presentazioni questo canale sensoriale; se riteniamo che possa essere importante farlo, occorre pensare ad oggetti da proporre – da portare e fare toccare, o annusare, o assaggiare, ecc.; si pensi ai DPI ad esempio – o talvolta alla costruzione solo mentale di un'esperienza – il racconto di un episodio, di un particolare costruttivo e del suo movimento, ecc., oppure ancora il richiamo del ricordo di qualche esperienza passata; nella formazione fatta in campo questo canale è più facile da utilizzare.

Quali feedback posso raccogliere?

I feedback cui porre attenzione sono tanti e di diverso tipo. Occorre saper leggere i segnali del gruppo e delle singole persone. Segnali a cui porre attenzione sono ad esempio:

Comportamenti verbali:

- ✓ chi interviene (per primo, chi dopo, chi non interviene);
- ✓ natura degli interventi (a proposito, a sproposito, per chiedere, per provocare, ecc.);
- ✓ rete degli interventi (solo verso il relatore, rivolti anche ad altri partecipanti);
- ✓ sovrapposizioni, cioè persone che parlano contemporaneamente sovrapponendo lo loro voci (quanto ciò è frequente, quanto dura, per quale motivo, ecc.).

Aspetti paraverbali (tono e volume di voce, velocità dell'eloquio, ecc.):

- ❖ da leggere unitamente ai segnali verbali e non verbali;

❖ informano circa il grado di attivazione e gli atteggiamenti verso la formazione ed interpersonali.

Segnali non verbali (il linguaggio del corpo):

- Dove guardano? Tutti o alcuni?
- Prendono appunti?
- Le posture (indice di attenzione e di reti di relazioni nel gruppo);
- Silenzio, sospiri, sbadigli.

In generale:

♣ Quanto questi segnali sono estesi tra il gruppo?

♣ Quali sono i cambiamenti di questi segnali nel tempo?

I materiali da distribuire, i supporti

Per una maggior chiarezza, per porgere le informazioni nel modo più opportuno, occorre a volte preparare dei materiali da distribuire – schemi, report, figure, ecc. –; in tal caso occorre anche pensare al momento giusto per la distribuzione

– farli giungere qualche ora o giorno prima dell'inizio affinché siano elementi già noti? darli all'inizio dell'incontro? distribuirli prima di iniziare un argomento? o al termine dello stesso?

Per la scelta del momento giusto occorre tenere sempre conto:

- ❖ dell'interferenza potenziale del materiale distribuito rispetto all'attenzione rivolta al relatore;

- ❖ dell'eventuale "effetto sorpresa" che si vuole generare nel presentare ad esempio i materiali tramite proiettore senza che siano già a disposizione dei partecipanti su carta, almeno fino alla fine della presentazione.

L'uso della comunicazione non verbale e paraverbale

Il linguaggio del corpo può rinforzare o smentire ciò che diciamo, o semplicemente darci maggiore credibilità. In particolare, nelle comunicazioni rivolte ad un gruppo:

- • lo sguardo deve periodicamente incontrare in modo equilibrato le altre persone; tutte se la numerosità lo consente, alcune o il maggior numero possibile se il gruppo è più ampio; evitare di guardare sempre le diapositive proiettate o di dare le spalle al gruppo;

- la posizione nello spazio rispetto agli altri deve essere possibilmente simmetrica, visibile; eventualmente spostarsi ma non in modo eccessivamente reiterato e monotono;

- occorre porre attenzione ai gesti, alle espressioni del viso, all'orientazione del busto – in che direzione, verso chi o cosa è orientato? – alla postura – in piedi o seduti? eventualmente quando alzarsi o sedersi?

- la velocità di eloquio è importante, come il volume di voce; parlare veloci porta più velocemente a distrazione dei partecipanti, specialmente se il contenuto è difficile o nuovo per loro; parlare lenti aiuta l'ascolto ma alla lunga tende ad "assopire"; il volume deve essere adeguato alla dimensione del locale, all'eventuale amplificazione presente, ad eventuali rumori di fondo.

Naturalmente è difficile essere spontanei e gestire allo stesso tempo i propri segnali non verbali; è comunque impossibile gestirli tutti.

Il suggerimento è quello di *acquisire gradualmente padronanza* con i propri stili di comunicazione e di modificarli un po' per volta, *senza penalizzare troppo la spontaneità,* ma neppure lasciando che essere spontanei significhi fare presentazioni mediocri per tutta la vita.

Gestione delle domande

Scelte da fare, o vincoli ai quali adeguarsi: dare spazio a domande al termine dell'intervento o chiedere di interrompere durante l'intervento stesso? Far porre una serie di domande prima di rispondere o rispondere immediatamente ad ogni domanda posta?

Non ci sono domande? Può essere un buon segnale – estrema chiarezza del relatore – o molto più spesso un pessimo segnale – non hanno capito quasi nulla o non erano interessati.

Spesso c'è un tempo fisiologico fra il momento in cui si chiede se vi sono domande e il momento in cui le domande arrivano; è proporzionale – direttamente o inversamente – all'interesse dei presenti, alla loro esperienza nel campo, al numero di persone presenti, al grado di conoscenza reciproca tra i presenti.

Ci sono troppe domande? Limitare il tempo di intervento, o rispondere a più domande assieme nello stesso turno di parola; se il tempo è poco già in partenza, dire "per il tempo che rimane, c'è spazio ancora per 2 domande".

In alcuni casi si fornisce un recapito al quale fare giungere altre domande a cui non si fa in tempo a rispondere durante il tempo del proprio intervento.

Altri temi di rilievo nel parlare in pubblico riguardano la gestione di certi tipi di criticità o del proprio stato interno; ma si rimanda per questi temi a pubblicazioni o esperienze formative che trattino in modo specifico il tema del *public speaking*.

Talvolta la chiarezza non basta e occorre essere persuasivi

Può essere interessante il seguente caso:

> *Rossi, responsabile della sicurezza di uno stabilimento, si trova a fronteggiare un problema: molti lavoratori, nonostante la chiarezza delle informazioni che sono state date circa l'importanza di seguire alcune procedure di lavoro sicuro e di usare certi dispositivi di protezione, non seguono tali procedure e non utilizzano tali dispositivi; almeno non sempre.*
>
> *Sembra quasi che attribuiscano scarsa importanza alla questione, nonostante si tratti della loro incolumità personale.*
>
> *Di certo non serve informare nuovamente, in quanto si può essere certi della comprensione delle norme e procedure che dovrebbero guidare il comportamento.*

Il problema di Rossi è quello di dover produrre una comunicazione che vada oltre la chiarezza – il cui obiettivo, come abbiamo visto, è la comprensione –; la comunicazione che serve ora deve essere persuasiva; vale a dire che deve avere come obiettivo quello di provocare un cambiamento di opinione o di atteggiamento.

Chiarezza e persuasività non sono sinonimi: un messaggio può essere molto chiaro senza modificare in alcun modo le opinioni e gli atteggiamenti altrui.

Spesso si sente dire "è un problema di mentalità, è un fatto culturale", ad esempio parlando di qualità, di orientamento al cliente, oppure di sicurezza sul lavoro. Ogni volta che si vuole incidere sulla *mentalità* – vocabolo che, a quanto ne so, non rientra nelle pubblicazioni scientifiche, ma che rende bene l'idea – vuol dire che si cerca di modificare *opinioni* o *atteggiamenti* delle persone, oppure di modificare la *cultura organizzativa*.

La comunicazione per avere una maggiore probabilità di essere persuasiva – perché di sola probabilità si può parlare – deve seguire alcune regole ben note ai pubblicitari ed ai politici, ma meno utilizzate nella comunicazione interna in azienda.

La credibilità del comunicatore

È importante che la fonte del messaggio venga vista come *competente* ed *affidabile* – cioè fonte alla quale ci si possa affidare poiché ha dato prova di competenza, di saper risolvere un problema, di saper fornire gli elementi informativi corretti –, *imparziale* – cioè non interessata a fornire elementi diversi da quelli corretti –, *attraente*. Tali condizioni aumentano la probabilità di un effetto persuasivo.

La percezione della competenza deriva inizialmente dalla descrizione della professione, diventa poi percezione di affidabilità dopo una conoscenza più profonda del comunicatore stesso.

L'imparzialità è un attributo caratterizzato dal legame con l'argomentazione sostenuta dal comunicatore. Se il comunicatore non ha nulla da guadagnare, ma anzi forse ha qualcosa da perdere convincendoci, tenderemo a fidarci di lui.

L'attrattività della fonte – il suo aspetto fisico, la vicinanza di status o di professionalità con i destinatari – è uno degli attributi più evidenti del comunicatore; è tanto meno importante quanto più le persone sono ben disposte a confrontarsi con il messaggio ed a soppesarne le informazioni ed i risvolti.

Caratteristiche del messaggio

Per aumentare la probabilità di persuasione, il messaggio deve:

- *contenere un numero appropriato di argomenti*: messaggi troppo sintetici spesso non sono persuasivi, tranne il caso di slogan o messaggi a forte contenuto simbolico; messaggi troppo lunghi possono creare stanchezza; messaggi adeguatamente lunghi ma con informazioni pertinenti e uno stile coinvolgente sono più persuasivi;

- essere vivido, vale a dire *emotivamente interessante, immediato, che dia impressione di concretezza;* un messaggio vivido cattura l'attenzione, rende l'informazione più concreta e personale; rende inoltre il messaggio più facile da memorizzare;

- essere *ripetuto*; una ripetizione aumenta la familiarità con i contenuti proposti e la familiarità a sua volta genera attrazione e gradimento; il rischio di un effetto "logoramento" cioè di una stanchezza dovuta alla ripetizione, può essere diminuito da varianti nel messaggio, nel suo stile;

- *essere bilaterale*, cioè mettere in luce sia i punti di forza che i punti deboli della propria argomentazione; ciò aumenta gli elementi di giudizio a disposizione, ed aumenta anche la credibilità del comunicatore; solitamente si presentano prima gli aspetti negativi, al fine di concludere con i punti di forza del proprio ragionamento;

- la *citazione di fonti autorevoli* e verificabili contribuisce a rendere più "forte" il contenuto del messaggio e più credibile il comunicatore;

- il messaggio deve *contenere conclusioni e raccomandazioni esplicite*, senza dare per scontato che gli ascoltatori sappiano mettere in relazione un principio o un fatto con il comportamento che ci si aspetta da loro;

- è opportuno anche, ove possibile, *tenere conto della posizione di partenza degli interlocutori*, cioè della loro opinione o atteggiamento; se il nostro messaggio è troppo vicino o troppo lontano al loro modo di vedere, la forza persuasiva è inferiore al caso in cui vi sia invece una moderata "discrepanza" con il loro modo di vedere;

- *presentare ove pertinente dati statistici o esempi*; secondo alcuni il ricorso ad esempi sarebbe più persuasivo rispetto alla presentazione di dati statistici;

- *fare appello alle emozioni*, non proporre soltanto argomenti logici e razionali; ad esempio fare leva sul senso di appartenenza, sulla paura, sul senso di coerenza fra pensieri ed azioni, ecc.;

- la comunicazione spesso riesce ad essere persuasiva perché ci giunge *mediata da altre persone che stimiamo* o alle quali comunque diamo credibilità (i cosiddetti *opinion leader*);

chi deve gestire un intervento persuasivo può utilizzare questo fenomeno producendo una comunicazione che sia rivolta ai leader d'opinione dei gruppi, lasciando poi che la comunicazione nel gruppo aumenti l'efficacia del messaggio. Ovviamente è un processo che può essere facilitato ma non è meccanico;

- spesso il solo fatto di ricevere un messaggio mentre si è in gruppo, in modo da potersi confrontare con le reazioni che gli altri hanno di fronte al messaggio, può rendere più efficace il messaggio stesso, specialmente se esso stesso richiede la trasgressione rispetto ad abitudini consolidate condivise dal gruppo stesso; quindi *organizzare momenti di gruppo* risulta spesso più efficace rispetto ad una comunicazione individuale.

Valutare gli apprendimenti

Per una valutazione degli apprendimenti, spesso si utilizza un questionario.

Nel seguito alcune indicazioni per la costruzione di un buon questionario.

Indicazioni per la preparazione di un questionario

- Avere di fronte a sé la progettazione inizialmente fatta, dove gli obiettivi di apprendimento sono stati definiti: il questionario deve valutare proprio quelli.

- Evitare questionari troppo corti (che non fanno un buon campionamento dei contenuti), né troppo lunghi (che possono generare stanchezza e risposte fornite a caso nelle parti finali); cercare di limitare la durata in 15-20 minuti, e il numero di domande fra 15 e 30.

- Cercare di proporre nel questionario un buon campionamento dei contenuti, includendo domande riferite a tutti gli aspetti importanti trattati nel corso.

- Le domande con risposta "Vero o falso" hanno un vantaggio, cioè la facilità e immediatezza di lettura e di risposta; ed hanno uno svantaggio: la possibilità di risposta casuale; infatti anche una persona ignara della risposta, rispondendo casualmente, ha il 50% di probabilità di fornire una risposta esatta; per ovviare a questo inconveniente, sul piano statistico occorre togliere un punto per ogni risposta errata, ed aggiungere un punto per ogni risposta corretta.

- Le domande con risposta a scelta multipla si prestano meno alla casualità, ma hanno l'inconveniente di necessitare di più tempo per la lettura e la risposta.

- Vi è un tipo di domanda a scelta multipla in cui possono essere corrette più risposte, oppure nessuna; questo tipo di domande è molto interessante per valutare gli apprendimenti e la comprensione, si suggerisce però di evitarlo per due motivi:

- È richiesto più tempo per leggere, comprendere, rispondere ad ognuna delle risposte proposte; tale tempo prezioso potrebbe essere usato per proporre piuttosto altre domande, campionando meglio i contenuti;
- L'attribuzione dei punteggi richiede un margine di discrezione da parte del valutatore, o criteri complessi che in questo scritto si trascurano.

- Le domande devono essere chiare e comprensibili. Occorre tener presente che più i termini sono comuni, più facilmente le domande saranno intese nel modo desiderato.

- Le domande devono essere brevi e fluide, evitando di iniziare con una negazione (che non fornisce sicurezza sul modo con cui l'intervistato ha compreso la domanda) ed evitando di utilizzare parole superflue e ridondanti.

- Non utilizzare un linguaggio fuorviante o ambiguo, che possa quindi influenzare le risposte dei soggetti; evitare quindi le "domande trabocchetto" per selezionare i più attenti: non è quello l'obiettivo.

- Porre attenzione alla sequenza e all'ordine con cui i quesiti vengono proposti: meglio se essa rispecchia il percorso di formazione effettuato.

- Raggruppare le domande che si riferiscono a uno stesso tema per facilitare la concentrazione del rispondente su un unico argomento alla volta, esaurito il quale si può passare al successivo.

- Non strutturare il questionario in modo caotico e poco chiaro per i compilatori e per chi dovrà elaborare i risultati.

- Nelle domande a scelta multipla è importante che le opzioni siano 3 (oppure 4 al massimo, ma il valore aggiunto di una quarta risposta è ridotto), pressappoco di pari lunghezza e che appaiano tutte ugualmente probabili. È è da evitare la prassi, diffusa, di mettere una domanda corretta, una che sia verosimile ed una che sia palesemente errata; ciò ha diversi inconvenienti fra cui quello di rendere difficile l'attribuzione dei punteggi, poiché le risposte non sono "equiprobabili".

- Attenzione alle "Istruzioni per l'uso", cioè ai chiarimenti su come rispondere: andrebbero formulate nel modo più chiaro e conciso possibile, scrivendole sul questionario stesso, e dandole anche a voce.

- Può essere utile variare il tipo di domanda, includendo in un questionario ad esempio domande di tipo "Vero o Falso" e domande a scelta multipla; ciò per offrire varietà, in particolar modo se il questionario fosse particolarmente lungo; è bene in tal caso mettere prima tutte le domande in un formato, poi tutte quelle in un altro formato, per non disorientare chi risponde.

- È meglio evitare le domande a risposta aperta ove si vogliano trattare poi i dati in modo statistico e attendibile; piuttosto integrare con un colloquio di valutazione se il tipo di abilità non è valutabile con un questionario.

Cosa fare dopo avere raccolto i questionari

Dal punto di vista didattico, la cosa migliore è quella di dare subito un feedback ai partecipanti, discutendo le risposte corrette; ciò serve anche a colmare certe lacune che sono rimaste.

Poi i questionari vanno trattati, prima di essere archiviati.

Come trattare i questionari

Avendo in mano un certo numero di questionari raccolti a valle di un corso, nell'ipotesi di questionari a risposta chiusa prodotti secondo le indicazioni di cui sopra, si può procedere nel seguente modo.

- Aprire un foglio elettronico (ad es. Excel);
- Inserire i dati intitolando ogni colonna ad un soggetto (una persona rispondente), indicando quindi nella prima riga in alto il nome e cognome di tale soggetto; e facendo corrispondere ogni riga ad una domanda del questionario, indicando quindi nella prima colonna

una sintesi della domanda, o semplicemente il numero della stessa.

- Nell'inserire i dati, non effettuare alcun tipo di correzione; se la domanda è di tipo Vero/Falso indicare in modo grezzo V oppure F; se è a scelta multipla indicare la lettera che contraddistingue la risposta fornita; si otterrà un foglio con queste sembianze (caso di risposta Vero / Falso):

Tizio	Caio	Sempronio
F	F	F
V	V	V
V	F	F
F	F	F
V	V	V
F	F	F
F	F	V
V	V	V
V	V	V
F	F	F

- In un secondo foglio di lavoro dello stesso file Excel, introdurre una formula condizionata che dica "se la stessa casella del primo foglio contiene la lettera F (nell'ipotesi che F sia la risposta giusta), allora attribuisci punteggio 1, altrimenti 0; la formula potrebbe assomigliare a questa:

=SE(Grezzi!D7="F";1;-1)

Cioè:

Se nel foglio dei punteggi grezzi (chiamato appunto "Grezzi") alla casella D7 compare F (che è la risposta giusta), attribuisci un punto, altrimenti togli un punto.

- Trascinando opportunamente tale formula per tutta la colonna, e poi ogni colonna per tutto l'insieme di rispondenti, si otterrà un foglio con queste sembianze:

Tizio	Caio	Sempronio
1	-1	1
1	1	1
1	-1	-1
1	1	1
1	1	1
1	-1	1
1	1	-1
1	1	1
1	1	1
1	1	1

- In tal modo si è evitato di dover correggere a mano tutti i questionari; ovviamente se i questionari sono pochi si potrebbe risparmiare tempo a fare tutto manualmente; si suggerisce di impostare un foglio Excel e di utilizzarlo più volte se il corso viene fatto in più edizioni, anche a distanza di mesi.

- In tal modo, la somma di ogni colonna darà quindi il punteggio di ogni soggetto.

- Un vantaggio di fare un trattamento in formato elettronico è quello di poter più facilmente fare ulteriori elaborazioni. Ad esempio:

La media dei punteggi	Consente di avere un indicatore di performance di ciascun gruppo (e di ciascun docente?)
L'individuazione automatica dei soggetti che non hanno ottenuto un punteggio soddisfacente	Dato utile per il rilascio di attestati, ma anche per individuare azioni di rinforzo o di azzeramento delle lacune rimaste, anche se il soggetto avesse superato la prova.
L'indice di difficoltà di una domanda (può essere facilmente ottenuto nella colonna di destra dopo l'ultimo soggetto, chiedendo ad Excel la percentuale di	Il dato è utile, poiché individuare le domande sulle quali le persone hanno avuto maggiore difficoltà può suggerire modifiche al programma o ai metodi per il futuro, o azioni di recupero per il

| soggetti che hanno risposto con successo ad una stessa domanda. | gruppo che ha risposto al questionario. |

Cosa fare nel caso di una prova pratica per valutare gli apprendimenti

Vi sono casi in cui la valutazione avviene per prova pratica (ad esempio la condotta di un carrello a forche, o l'uso di un DPI).

In tal caso, è bene che almeno 2 esperti di tale operazione predispongano una griglia di osservazione fatta da almeno 10 punti che devono essere osservati nella prestazione o nel prodotto creato. Tale griglia sarà lo strumento di valutazione. Per la coerenza di metodo, è bene che gli obiettivi di apprendimento individuati in sede di progettazione siano tenuti in massimo conto nella definizione dei punti da osservare.

Una volta pronta la griglia, in sede di prova pratica:

- verrà richiesto al candidato di svolgere il compito o i diversi compiti;

- due diversi osservatori (che costituiscono una "commissione di esame") separatamente l'uno dell'altro provvederanno a compilare la griglia di osservazione durante la prova di ciascun soggetto;

- se la griglia è stata fatta in modo chiaro, vi sarà la possibilità di contare un punteggio per ogni soggetto (quante cose gli osservatori hanno rilevato essere state fatte in modo corretto);

- chi avrà superato un criterio predefinito di soddisfazione (ad esempio la totalità dei punti, oppure 8 su 10, ecc.) avrà superato la prova;

- nel caso in cui i diversi osservatori abbiano valutato in modo diverso un singolo elemento, discutano su di esso per giungere ad un unico giudizio condiviso; se necessario, fare ripetere parte della prova pratica al soggetto.

La modalità suggerita ha i seguenti vantaggi:

- limita la soggettività di un osservatore attraverso:

- o la convergenza fra due (o più) osservatori indipendenti;

- o uno strumento di osservazione che tende a limitare l'arbitrarietà nell'osservare la prova;

- la possibilità di tenere un documento (la griglia) agli atti, a motivare e meglio documentare un verbale di esame e un attestato;

- la coerenza con gli obiettivi didattici inizialmente stabiliti.

Esercizi per la valutazione degli apprendimenti

Scheda 17 *(commenti a pag. 156)*

Individua nel seguente questionario i punti forti e i punti migliorabili, e riformula eventualmente alcune domande in modo più efficace

Questionario finale sulle conoscenza acquisite nel corso

Cognome e nome   _____
Data   _____
Corso   _____

Rispondi alle seguenti domande segnando con una croce se l'affermazione è vera (V) o falsa (F)

1. Il rischio non corrisponde al concetto di pericolo
                                                            V   F

2. La proprietà che ha una sostanza chimica di generare danno rappresenta un esempio di "pericolo"

    V   F

3. Per le operazioni di carico e scarico presso il nostro magazzino è richiesto di indossare guanti e scarpe antinfortunistiche

    V   F

4. È sempre bene evitare di creare situazioni a rischio

    V   F

Rispondi ora alle seguenti domande indicando per ciascuna, fra le tre risposte, quella che ritieni corretta, con una croce sulla sua lettera (a, b o c). Per ogni domanda c'è sempre una sola risposta corretta.

5. La responsabilità di valutare i rischi presenti sul luogo di lavoro è:
   a. del Datore di lavoro
   b. del consulente che segue il Datore di lavoro
   c. del Medico competente

6. Se non ritieni di essere in grado di svolgere un'operazione in modo sicuro:
   a. chiedi informazioni al tuo supervisore (preposto) sulle modalità più sicure per svolgere quell'operazione
   b. valuti se fermarti e segnalare il problema al collega più anziano

c. quando hai terminato l'operazione ti rivolgi al rappresentante dei lavoratori per la sicurezza per segnalare subito il problema

7. Mentre ti sposti a piedi sul piazzale è obbligatorio:
   a. mantenerti sui percorsi pedonali
   b. percorrere zone sicure in base alla situazione del momento, indipendentemente dai percorsi segnalati
   c. chiedere di volta in volta al tuo supervisore quale percorso fare

Scheda 18 (commenti a pag. 158)

Predisponi 2 risposte vero/falso e due risposte a scelta multipla che potrebbero essere inserite in un questionario per lavoratori, circa il seguente estratto dell'articolo 20 del D. Lgs. 81/08, riportato di seguito:

Art. 20.
Obblighi dei lavoratori

1. Ogni lavoratore deve prendersi cura della propria salute e sicurezza e di quella delle altre persone presenti sul luogo di lavoro, su cui ricadono gli effetti delle sue azioni o omissioni, conformemente alla sua formazione, alle istruzioni e ai mezzi forniti dal datore di lavoro.
2. I lavoratori devono in particolare:
(...)
   b) osservare le disposizioni e le istruzioni impartite dal datore di lavoro, dai dirigenti e dai preposti, ai fini della protezione collettiva ed individuale;
   c) utilizzare correttamente le attrezzature di lavoro, le sostanze e i preparati pericolosi, i mezzi di trasporto, nonché i dispositivi di sicurezza;
   d) utilizzare in modo appropriato i dispositivi di protezione messi a loro disposizione;

e) segnalare immediatamente al datore di lavoro, al dirigente o al preposto le deficienze dei mezzi e dei dispositivi di cui alle lettere c) e d), nonché qualsiasi eventuale condizione di pericolo di cui vengano a conoscenza, adoperandosi direttamente, in caso di urgenza, nell'ambito delle proprie competenze e possibilità e fatto salvo l'obbligo di cui alla lettera f) per eliminare o ridurre le situazioni di pericolo grave e incombente, dandone notizia al rappresentante dei lavoratori per la sicurezza;

(…)

Scheda 19 (commenti a pag. 159)

Metti a punto una griglia di osservazione per un'operazione di tua conoscenza (ad esempio la condotta di un carrello a forche, oppure i controlli da svolgere prima di iniziare un lavoro specifico).

Tieni conto che una griglia è un insieme di punti da osservare, in modo che un osservatore possa indicare Sì o No per ciascuno, osservando un comportamento messo in pratica o un prodotto realizzato.

Ad esempio:

	Sì	No
1. Indossa tutti i DPI richiesti dalla procedura prima di iniziare le operazioni		
2. Preriscalda a sufficienza il pezzo prima di iniziare la saldatura		

Scheda 20 (commenti a pag. 161)

Nella tabella seguente è riportato il foglio elettronico con tutti i risultati che ha ottenuto un gruppo di partecipanti (di 6 persone) ad un incontro di formazione; ogni 1 corrisponde ad una risposta corretta, ogni 0 ad una errata[6].

	Soggetto 1	Soggetto 2	Soggetto 3	Soggetto 4	Soggetto 5	Soggetto 6
Domanda 1	1	1	1	0	1	1
Domanda 2	0	0	1	1	0	1
Domanda 3	1	1	0	1	1	1
Domanda 4	1	1	0	0	1	1
Domanda 5	1	1	0	0	0	1

Individua o calcola:

---

[6] Per semplicità si presentano i risultati di un questionario di sole 5 domande, che evidentemente se fosse un vero questionario potrebbe essere troppo corto.

- I soggetti che superano il criterio di superamento della prova pari a 4 risposte corrette su 5 domande

- Le domande che hanno avuto una percentuale di risposte corrette più soddisfacente

- Le domande che al contrario hanno dato più problemi ai partecipanti nella compilazione

- Quali conclusioni trarresti da questi dati?

Scheda 21 (commenti a pag. 165)

Sono stati fatti 3 diversi moduli di formazione ad un gruppo di lavoratori, che nel loro insieme costituiscono un corso di formazione; a valle di ogni modulo è stato fatto un questionario di 15 o 16 domande, per un totale di 47 domande nell'insieme dei tre questionari.

Dopo avere elaborato, in modo aggregato (cioè tutti assieme) i dati sugli apprendimenti di tutti i questionari e di tutti i lavoratori, viene richiesto ad Excel di rappresentare un diagramma in cui vi sia la distribuzione dei risultati. Essa è riportata qui sotto.

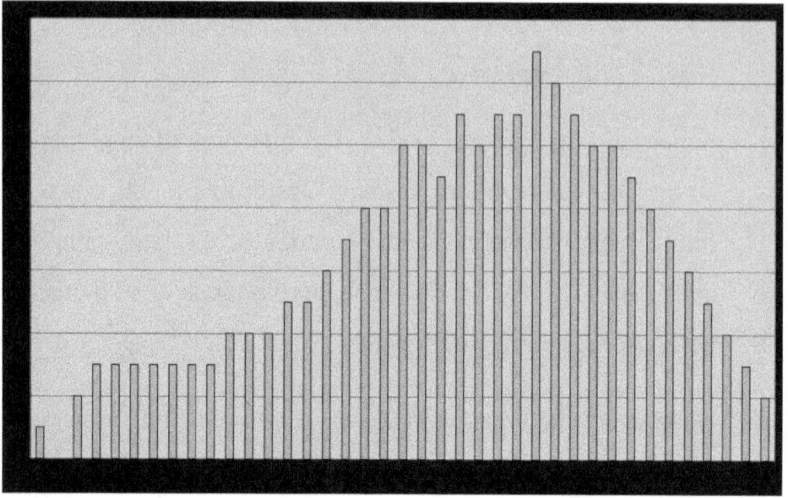

Il diagramma si legge in questo modo: l'asse orizzontale corrisponde al numero di risposte corrette date al questionario, e l'asse verticale riporta il numero di soggetti che hanno ottenuto quel punteggio.

Per assicurarti di avere compreso la lettura del diagramma verifica di saper rispondere alle seguenti domande:

- Quanti soggetti hanno ottenuto il massimo del punteggio?

- Qual è il minor punteggio ottenuto fra tutti i partecipanti?

Le risposte sono: 2 persone e un punteggio di 9.

Rispondi poi alle seguenti domande:

- come potrebbe essere stabilito un criterio di soddisfazione per dire chi ha superato il corso?

    (nota: il criterio va definito in precedenza; si immagini però di avere a disposizione questi dati storici per contribuire a definire un criterio per il futuro)

- se il criterio di soddisfazione predefinito per avere superato il corso nel suo complesso fosse pari a 30 su 47, quanti soggetti resterebbero esclusi da questo criterio?

- qual è il punteggio ottenuto dal maggior numero di soggetti?

- quali conclusioni trarresti da questo diagramma?

Soluzioni e commenti agli esercizi proposti

Scheda 1 (pag. 31)

Punto debole: le domande non approfondiscono affatto i bisogni di formazione, non chiedono quali sono i problemi sul lavoro; chiedono quale formazione è desiderata, ma la percezione di chi risponde potrebbe non essere corretta. Sarebbe un po' come se un medico, invece di chiedere i sintomi ad un paziente, chiedesse quale terapia desidera. La seconda chiede più un parere sulla formazione precedente; le risposte sono interessanti per il miglioramento ma non identificano i bisogni di formazione

Esempio di domande per i lavoratori:

- mi puoi raccontare qualche episodio recente in cui è stato gestito un rischio da te o dal tuo gruppo di colleghi?

- quali sono le operazioni o le fasi di lavoro nelle quali vi capita di sentirvi più a rischio o più in difficoltà nel gestire la sicurezza?

In base a risposte a domande come queste si possono individuare competenze consolidate o carenti nella percezione o gestione del rischio.

Esempio di domanda per i supervisori:

- quali sono gli aspetti legati alla sicurezza sui quali hai avuto negli ultimi mesi l'impressione che i tuoi collaboratori abbiano avuto difficoltà a gestire la situazione?

Esempio di domanda per il rappresentante dei lavoratori:

- ti sono state riportati episodi nei quali le persone non hanno saputo gestire al meglio una situazione di sicurezza?

Esempio di domanda per un rappresentante della Direzione:

- quali sono i cambiamenti più importanti (nel processo, nell'organizzazione, negli obiettivi, nel mercato) previsti per i prossimi 12 / 18 mesi?

Scheda 2 (pag. 33)

I dati sono interessanti per diversi motivi.

Per comprendere fino in fondo i dati e la situazione ovviamente dovrebbero essere presenti molte informazioni in più. Ma da questi dati si può vedere ad esempio che:

- un 31 % di infortuni avente come circostanza "colpito da" può suggerire di approfondire se i lavoratori abbiano presente il concetto di "linea del fuoco" ("line of fire"), cioè siano stati formati e addestrati a operare in modo da minimizzare con i loro comportamenti l'esposizione a forme di energia;

- le cause sono prevalentemente comportamentali (es. 43 episodi sono stati causati anche da "Comportamento non idoneo"), indicando che occorra lavorare anche attraverso la formazione sulla consapevolezza del rischio e la sicurezza comportamentale;

- 25 episodi con "uso di DPI non adeguati", se i DPI sono stati adottati in modo appropriato e distribuiti, lasciano intravvedere problemi nella scelta di quale sia il DPI per una specifica lavorazione (si pensi ad esempio ai casi in cui sono in dotazione diversi tipi di guanto), o nella loro conservazione o uso.

I dati sembrano suggerire altre azioni oltre a quelle formative, ad esempio:

- Un alto numero si eventi sommando "Urto contro", "Scivolamento", "Incespicamento", "Piede in fallo": si intravvede un problema di spazi o di ordine sui luoghi di lavoro o di passaggio; e quindi l'opportunità di progetti che tendano a migliorare questi aspetti;

- 10 episodi per assenza di procedura operativa: occorre definire meglio le procedure necessarie;

- 27 episodi per lavoro disagiato su macchine: occorre affrontare il tema dell'ergonomia delle macchine, e/o rivedere la procedura di acquisti introducendo dei requisiti più stringenti dal punto di vista ergonomico.

Scheda 3 (pag. 36)

Prima domanda: le risposte sembrano indicare che vi sia un problema di interpretazione del ruolo da parte dei preposti; il problema merita diverse azioni, anche di tipo formativo.

Seconda domanda: le risposte sembrano indicare che vi sia un problema di ergonomia delle macchine o delle procedure; oppure che non sia chiaro alle persone come agire in certi casi; la soluzione può essere di tipo organizzativo (revisione di procedure, miglioramento ergonomico di macchine) nel primo caso; o di tipo formativo o addestrativo nel secondo caso.

Terza domanda: le procedure possono essere chiare, ma il loro senso può non esserlo. In tal caso sarebbe inutile rifare un richiamo sulle procedure; meglio sarebbe fare una formazione sul loro "perché", o sulle ragioni di alcuni loro passaggi.

Scheda 4 (pag. 40)

Documento di valutazione dei rischi	Esistenza di condizioni a rischio sul campo, o di comportamenti a rischio
Relazione sugli infortuni degli ultimi 2 anni	Difficoltà operative incontrate sul lavoro, ed episodi di gestione di momenti critici
Colloquio con il Datore di lavoro	Rischi presenti e tipo di formazione che il rischio richiede
Sopralluogo in reparto	Previsioni circa modifiche organizzative e strategie nella politica di sicurezza
Colloquio con un lavoratore	Dati per comprendere in che modo gli infortuni accadono

Scheda 5 (pag. 41)

Per comprendere meglio i bisogni di formazione spesso è bene prendere visione dei dati circa gli eventi infortunistici o quasi-infortunistici	V	Possono dare indicazioni ad esempio sui comportamenti o le competenze
Occorre fare sopralluoghi nei reparti produttivi per individuare i bisogni di formazione, solo quando esplicitamente previsto nella norma o negli accordi	F	Si tratta di una prassi virtuosa indipendentemente dalle norme
L'analisi dei bisogni formativi individua quelli che saranno poi i metodi per la realizzazione delle attività	F	No, i metodi saranno poi definiti in fase di progettazione
L'analisi dei bisogni di formazione consiste in una richiesta di quali corsi sono prioritari ad alcuni testimoni qualificati	F	I bisogni non corrispondono (almeno non sempre) alla richiesta di corsi
Il processo di formazione consiste in un corso di formazione	F	La realizzazione di un corso è una delle fasi del processo, che ne prevede anche altre dall'analisi dei bisogni alla valutazione dei risultati
Il risultato di un'analisi dei bisogni di formazione deve tenere conto delle divere fonti consultate, e individuare i punti più importanti e ricorrenti	V	Certo
Sentire alcuni lavoratori e/o loro rappresentanti è una buona prassi per comprendere meglio i bisogni formativi	V	Si tratta di una fonte importantissima

Scheda 6 (pag. 65)

- Gli obiettivi didattici sono espressi in modo adeguato,

- non c'è coerenza con gli argomenti (l'evoluzione del quadro normativo, ad esempio, può essere tralasciata),

- i metodi non consentono di mettere in pratica direttamente (l'obiettivo dice "utilizzare efficacemente" quindi un verbo di applicazione), ma solo di vedere come un istruttore agisce,

- un questionario non consente di verificare un obiettivo applicativo,

- un'ora potrebbe essere un tempo troppo ristretto (dipende però da quanti DPI occorre illustrare e utilizzare) per 15 persone.

Scheda 7 (pag. 67)

Un possibile modo per completare è il seguente:

Obiettivi di apprendimento	Al termine i partecipanti saranno in grado di: • riconoscere il segnale di emergenza • spiegare il significato della segnaletica • mettere in atto i comportamenti previsti dalla procedura di evacuazione • descrivere il ruolo della squadra di emergenza
Argomenti	La procedura in caso di incendio (come eventualmente segnalare un inizio di incendio, segnale sonoro di evacuazione, segnaletica, vie di esodo, punto di raccolta, ecc.) Comportamenti da tenere e da evitare Il ruolo della squadra di emergenza
Metodi	• Presentazione supportata da diapositive • Discussione • Esercitazione pratica con simulazione di evacuazione (solo del gruppo di partecipanti al corso)
Modalità di valutazione	Questionario a scelta multipla Simulazione di esodo (con valutazione)
Tempo	2 ore

Sono possibili altri completamenti della griglia si progettazione; in ogni caso:

- si espongano gli obiettivi didattici secondo i criteri indicati nel testo;

- si tenga presente la coerenza fra obiettivi, argomenti, metodi, valutazione e tempi.

Scheda 8 (pag. 69)

Un esempio di alcuni obiettivi didattici in un corso di quel tipo:

- Al termine i partecipanti saranno in grado di:

    o spiegare la procedura di sicurezza;

    o mettere in atto in modo simulato la procedura, con corretta compilazione del modulo, sistemazione dei lucchetti agli interruttori, ecc.;

    o descrivere le ragioni dei diversi passaggi della procedura.

Scheda 9 (pag. 71)

Definire i concetti di rischio e pericolo	Analisi di un caso e discussione in sottogruppi
Mettere in pratica concretamente una procedura	Gioco di ruoli (simulazione di una situazione relazionale)
Fare valutazioni circa la qualità di un piano antincendio	Presentazione di diapositive con breve discussione
Esercitare ascolto in modo efficace nei confronti dei propri colleghi	Analisi di fotografie e descrizioni di situazioni di lavoro in sottogruppo
Individuare in situazioni di lavoro i fattori di rischio presenti	Dimostrazione pratica e successivamente esercitazione pratica

Scheda 10 (pag. 72)

Definire i concetti di rischio e pericolo	Simulazione di una situazione relazionale (gioco di ruoli) oppure colloquio
Mettere in pratica concretamente una procedura	Colloquio a partire da un caso di studio
Fare valutazioni circa la qualità di un piano antincendio	Questionario a scelta multipla o vero/falso
Esercitare ascolto in modo efficace nei confronti dei propri colleghi	Questionario a scelta multipla o colloquio, a partire dalla descrizione di situazioni di lavoro
Individuare in situazioni di lavoro i fattori di rischio presenti	Esercitazione pratica in campo

Scheda 11 (pag. 73)

La definizione di obiettivi didattici è in sostanza una descrizione degli argomenti da trattare nel corso	F	Obiettivi ed argomenti (o contenuti) sono due cose diverse
Un metodo didattico è il tipo di attività che viene proposto ad un gruppo, per raggiungere obiettivi di apprendimento	V	Esatto, ad esempio lezione frontale, simulazione, analisi di un caso
Un questionario di apprendimento con modalità carta e penna va sempre bene, in quanto rimane la documentazione agli atti	F	Lo strumento di valutazione deve ricalcare il tipo di abilità descritta dall'obiettivo di apprendimento
Se un obiettivo di apprendimento è di tipo pratico, i metodi devono consentire la messa in pratica, almeno in modo simulato	V	Per la coerenza fra obiettivi e metodi
I verbi che vengono scelti per descrivere gli obiettivi didattici sono importanti per scegliere i metodi didattici e le modalità di valutazione degli apprendimenti	V	Di nuovo per la coerenza di metodo che garantisce una buona progettazione
Un lavoro in sottogruppi può essere scelto come metodo quando il risultato di un corso passi più facilmente attraverso il confronto fra colleghi	V	Nel sottogruppo è incentivata infatti la discussione fra colleghi
Il seguente è un metodo didattico "Una fotografia di una situazione di lavoro"	F	Infatti una fotografia (che è un materiale) può essere usata all'interno di diversi metodi: una presentazione, un lavoro in gruppo, un'analisi di caso, ecc.
Il seguente è un obiettivo di	F	Il verbo "conoscere" non è

apprendimento "Al termine conosceranno il concetto di rischio"		verificabile in sé; occorre piuttosto dire in che modo dimostreranno la conoscenza, ad es.: "saranno in grado di descrivere il concetto di rischio"

Scheda 12 (pag. 83)

Non basta che una diapositiva riporti dei dati esatti: deve anche avere un'efficacia comunicativa e didattica.

- Mettere come titolo un articolo di legge è una scelta discutibile: mette al centro l'aspetto formale invece di quello sostanziale; non serve a fare individuare o memorizzare i contenuti

- Un copia/incolla della norma è riduttivo, non fornisce valore aggiunto rispetto alla lettura della norma stessa

- Graficamente non vi sono elementi né estetici né funzionali che possano facilitare l'apprendimento o la memorizzazione.

Potrebbe essere riproposta nel modo seguente intervenendo solo sul testo.

Quali obblighi abbiamo come lavoratori?

Sicuramente il nostro ruolo è importante, quindi abbiamo diversi obblighi
(li vedremo in queste e nelle prossime diapositive)

Ogni lavoratore deve **prendersi cura della propria salute e sicurezza** e di quella delle **altre persone** presenti sul luogo di lavoro, **su cui ricadono gli effetti** delle sue azioni o omissioni, conformemente alla sua formazione, alle istruzioni e ai mezzi forniti dal datore di lavoro.

(Art. 20 del D.Lgs. 81/08)

Le migliori prassi suggeriscono però che si intervenga anche sui colori, sull'introduzione di immagini, ecc. ottenendo magari una diapositiva come la seguente.

Quali obblighi abbiamo come lavoratori?

Sicuramente il nostro ruolo è importante, quindi abbiamo diversi obblighi
(lo vedremo in questa e nelle prossime diapositive)

 Prenditi cura della tua salute e sicurezza

Ma anche degli altri !
A volta infatti le cose che fai (o che non fai) hanno effetti su di loro

 In tutto ciò comportati secondo la formazione e le istruzioni, i mezzi messi a disposizione

(Art. 20 del D. Lgs. 81/08)

Ovviamente sono possibili infinite soluzioni, anche migliori di quelle qui presentate (peraltro in solo bianco e nero).

Scheda 13 (pag. 85)

Un esempio di rielaborazione è la seguente.

Chi è il «preposto»?

È chi
- **sovrintende** all'attività lavorativa
- **garantisce** l'attuazione delle direttive ricevute
- **controllando** la corretta esecuzione da parte dei lavoratori
- ed **esercitando** di iniziativa un potere

Per fare questo deve avere **competenze** professionali che lo rendano adatto al ruolo

Anche i suoi **limiti di potere** devono essere adeguati alla natura dell'incarico conferitogli

Nel vostro ruolo, a chi riportate direttamente ?

Scheda 14 (pag. 86)

Se ad esempio la definizione che si vuole proporre fosse la seguente:

"un suono non desiderato, una sensazione uditiva sgradevole e fastidiosa o intollerabile, con evidente carattere di disturbo e sofferenza"

Si possono vedere alcune parole chiave fra cui

"un **suono non desiderato**, una **sensazione uditiva** sgradevole e fastidiosa o intollerabile, con evidente carattere di **disturbo** e **sofferenza**"

Una diapositiva potrebbe essere elaborata in questo modo.

Tutto ciò che sentiamo è rumore ?

Spesso ciò che sentiamo è **gradevole**

Si parla di **rumore** quando si tratta di un suono che produce una sensazione **sgradevole** o fastidiosa

Può quindi essere **disturbo** e fonte di **sofferenza**

Potete fare qualche esempio di rumore nel vostro lavoro?

Scheda 15 (pag. 87)

I materiali da predisporre potrebbero essere ad esempio i seguenti:

- Diapositive su rischio e pericolo (punto 1.1) in formato elettronico per la proiezione

- Eventuali diapositive su rischio e pericolo (punto 1.1) in forma cartacea per la distribuzione (se la strategia didattica indica che esse vanno distribuite)

- Per l'esercitazione del punto 1.2, foto e descrizioni di situazioni, sia in elettronico per il docente, sia in cartaceo in alcune copie per l'utilizzo nei sottogruppi di lavoro

- Questionario cartaceo per ogni partecipante di cui al punto 1.3 sui rischi nel proprio lavoro.

Scheda 16 (pag. 89)

Per una revisione ed autocorrezione:

- utilizza la check list della scheda a pag. 89 e 90 per migliorare la presentazione fatta.

Scheda 17 (pag. 121)

Alcuni punti di forza:

- Sono indicate le modalità per rispondere alle domande

- C'è una varietà nelle modalità di risposta (vero/falso e a scelta multipla)

Punti critici:

- Domanda 1: contiene una negazione, e può creare confusione definire se sia vera o falsa; si potrebbe riformulare: "Il rischio corrisponde al concetto di pericolo" (in questo caso diventa falsa; è più chiaro come rispondere);

- Domanda 2: è formulata bene; alcuni termini sono un po' complessi se sono presenti persone di scolarità non elevata;

- Domanda 3: contiene una congiunzione "e", quindi potrebbe trarre in errore; alcuni potrebbero pensare che i guanti siano obbligatori e le scarpe no (a torto o a ragione); nelle domande vero / falso occorre mettere frasi semplici e con un unico elemento da valutare;

- Domanda 4: troppo scontata;

- Domanda 5: è ben scritta;

- Domanda 6: una negazione nella frase di apertura può rendere difficile comprendere e valutare il significato; la risposta c. è in generale ben identificabile come errata, andrebbe trovata una risposta errata ma più verosimile;

- Domanda 7: anche in questo caso la c. è troppo facilmente individuabile come errata.

Scheda 18 (pag. 124)

Dopo avere steso alcune domande come richiesto, verifica che non siano presenti alcuni degli inconvenienti di cui alle soluzioni alla scheda precedente.

Scheda 19 (pag. 126)

Dopo avere creato una griglia verifica se essa abbia le seguenti caratteristiche:

- Riporta frasi semplici, senza negazioni ("non") e senza congiunzioni ("e" oppure "o") che potrebbero rendere ambigua la frase? *(ovviamente possono essere incluse le parole "non", "e", "o"; ma con parsimonia e verificando che dal punto di vista del significato non stiamo inserendo nella griglia delle ambiguità; piuttosto che una "e" è meglio a volte sdoppiare in due frasi diverse;*

- Si riferisce solo a comportamenti osservabili, oppure caratteristiche osservabili di un manufatto? *(ad es. "Indossa i guanti antiacido" invece di "Indossa i DPI"; evitare le frasi generiche ad esempio "Dimostra prudenza", "Manifesta consapevolezza del rischio": che cosa devo osservare per dire che dimostra prudenza o consapevolezza del rischio?)*

- Include un numero di almeno 10 elementi di osservazione? *(un numero troppo esiguo potrebbe indicare elementi di osservazione troppo ampi, o modalità di esame in prova pratica troppo sommarie)*

- E' stato stabilito un criterio per dire se la prova è stata superata? *(può essere stabilito empiricamente; nella soluzione alla scheda 21 vi sono alcuni consigli per i test, validi anche per le griglie di osservazione)*

- Nel caso in cui la griglia sia utilizzata realmente: due osservatori esperti che osservino lo stesso soggetto durante una prova pratica, e compilino indipendentemente la stessa griglia, arrivano ad una compilazione identica o molto simile? *(in caso contrario occorre discutere il perché, se il caso modificare rendere più chiara la griglia)*

- La griglia chiarisce bene quali sono le "consegne" da dare al candidato? *(è fondamentale che comprenda bene che cosa è richiesto, altrimenti la validità della griglia e della prova è molto debole)*

Scheda 20 (pag. 127)

Occorre innanzitutto procedere al semplice calcolo del totale di riga (indice di difficoltà di ciascuna domanda, ovvero quanti soggetti hanno risposto correttamente), e di colonna (punteggio ottenuto da ciascun soggetto, ovvero a quante domande ha risposto correttamente).

	Soggetto 1	Soggetto 2	Soggetto 3	Soggetto 4	Soggetto 5	Soggetto 6	Totale
Domanda 1	1	1	1	0	1	1	5
Domanda 2	0	0	1	1	0	1	3
Domanda 3	1	1	0	1	1	1	5
Domanda 4	1	1	0	0	1	1	4
Domanda 5	1	1	0	0	0	1	3
Punteggio	4	4	2	2	3	5	

Risposte:

- Soggetti 1, 2, 6

- Domande 1 e 3 (con 5 soggetti su 6 che hanno risposto correttamente)

- Domande 2 e 5 (con solo 3 persone su 6 che hanno risposto correttamente)

- Occorre provvedere a:
    - colmare le lacune formative dei soggetti che non hanno superato la prova, ad esempio attraverso una nuova azione formativa, e proporre loro un nuovo questionario di conoscenze per verificare il raggiungimento del risultato necessario;
    - allo stesso tempo occorre verificare le modalità didattiche e il percorso progettato, dal momento che il 50% dei soggetti non ha superato la prova; il formatore è sufficientemente professionale? Il tempo dedicato alla formazione è stato sufficiente o ben suddiviso fra i diversi argomenti? Le modalità di coinvolgimento sono state ben identificate? Il livello di partenza dei partecipanti è stato tenuto in conto?
    - ancora, per quanto concerne gli argomenti delle domande 2 e 5 dovrebbero essere oggetto di un'analisi per capire come mai la metà dei soggetti non aveva compreso quei concetti;

probabilmente le modalità di presentazione o dimostrazione non sono state chiare

APPROFONDIMENTO

in particolare fra la domanda 2 e la domanda 5 vi è una differenza importante nel modello di risposta:

- alla domanda 2 hanno risposto in modo errato i due soggetti con i punteggi complessivi più alti (soggetti 1 e 2), e hanno risposto in modo corretto i due soggetti con punteggio più basso al test complessivo (soggetti 2 e 3). Ciò suggerisce che la domanda non sia probabilmente ben posta e crei confusione in chi deve rispondere; il testo della domanda andrebbe quindi analizzato e rivisto

- alla domanda 5, invece, hanno risposto correttamente i due soggetti con punteggio più alto e hanno risposto in modo errato i due soggetti con punteggio più basso. La domanda ha quindi, come si dice fra esperti "una capacità discriminante", e probabilmente è stata posta in modo appropriato. In quel caso occorre porsi il problema delle modalità didattiche con cui il tema relativo alla domanda è stato introdotto e trattato.

Scheda 21 (pag. 129)

- Può capitare di dover definire e motivare un criterio per dire se i partecipanti hanno avuto un successo oppure no alla prova; il criterio, anche per onestà intellettuale e per rigore metodologico, va definito prima della somministrazione delle prove (quando si concepisce un questionario o un altro tipo di prova, occorre dire a quali condizioni esso è stato superato); se si hanno a disposizione dati storici il compito di definizione di un criterio è più semplice.

Un criterio può essere stabilito in base al superamento "storico" di una certa percentuale di soggetti; ad esempio in questo caso si potrebbe dire: "Supera il test chi ottiene un punteggio di almeno 40", sapendo che in questo caso, se restano invariate le modalità didattiche o il tipo di popolazione a cui il corso è rivolto, il test risulterebbe particolarmente "esigente" (infatti si vede che i punteggio di 40 è stato superato da pochi soggetti).

Un ottimo modo per procedere è il seguente: identificare un nucleo di domande (un sottoinsieme di tutto il test) molto importanti sulle quali non si accetta errore. Ciò consente di definire un doppio criterio, dicendo ad esempio: "Supera il test chi ottiene un punteggio di almeno 37, purché non vi siano errori nelle seguenti domande x, y, z, ...". In questo modo è come se vi fossero due test nello stesso questionario, uno relativo alle cose più importanti (al quale occorre dare una prestazione perfetta, con zero errori), e un secondo di approfondimento, sul quale occorre comunque dare una certa prestazione ma meno esigente.

- Il punteggio di 30 su 47 è NON stato superato dalla somma dei soggetti delle colonne da 30 a 19 (asse orizzontale); il numero di soggetti per ciascuna colonna è rilevabile sull'asse verticale (1 soggetto con punteggio 19, 2 soggetti con punteggio 11, 3 con punteggio 12, ecc.);

- Il punteggio più comune è pari a 35, ottenuto da 13 soggetti;

- Per ottenere conclusioni più approfondite sarebbe bene ottenere simili diagrammi per ciascuno dei tre moduli del corso; si potrebbe scoprire che il disegno della distribuzione è diverso per ciascun modulo. Ad ogni modo si possono dire le seguenti cose:

    o Vi sono molti soggetti che hanno una prestazione piuttosto scarsa in rapporto almeno al gruppo nel suo complesso; se il superamento del test o meno dipende dal criterio che viene esplicitato, è sempre lecito fare confronti interni al gruppo, almeno ai fini didattici e di miglioramento delle competenze; si osserva che la forma della curva è spostata verso destra (punteggi alti), lasciando una coda verso sinistra (punteggi bassi) di un numero consistente di persone; se nel complesso è positivo riscontrare una prevalenza di punteggi alti, occorre analizzare meglio il fenomeno dei risultati insoddisfacenti, verificando ad esempio i prerequisiti (linguistici o di scolarità) delle persone che hanno ottenuto quei punteggi, o quali altre cause.

- Occorre quindi predisporre un momento di formazione di recupero per i soggetti che hanno ottenuto una performance insoddisfacente, ma non prima di averne compreso la cause (altrimenti il rischio è quello di rifare una formazione inefficace).

Appendice - 5 tecniche per ottenere l'attenzione fin dall'inizio

Si tenga presente che spesso prima di utilizzare le seguenti tecniche occorre avere già presentato gli obiettivi del corso, se necessario il formatore e i partecipanti, ecc.

- Iniziare con una **domanda** rivolta ai partecipanti; ciò richiede talvolta di trascrivere alla lavagna le risposte e di fare poi un commento;
- Iniziare proiettando una **fotografia** e chiedendo di esprimere un parere;
- Iniziare raccontando un **episodio**; raccontare una storia o un episodio ha un'alta capacità di generare attenzione; se l'episodio è positivo (invece del solito incidente) spesso è meglio ancora;
- Iniziare distribuendo un **foglio con una domanda** (che includa eventualmente una fotografia o altro), e chiedendo a coppie (senza spostarsi dal proprio posto)

di fornire una risposta; poi cogliere le risposte a giro di tavolo; questo va bene quando fin dall'inizio si voglia ottenere un breve confronto fra partecipanti;
- Distribuire all'inizio un **questionario** simile a quello che verrà usato al termine per la valutazione conclusiva, chiedendo di compilarlo e di non preoccuparsi se non si conoscono le risposte, precisando che le risposte verranno trovate durante il corso.

In molti casi, se le domande sono poste in modo interessante, ciò potrà sollecitare una forte curiosità di conoscere le risposte.

Appendice - Come convocare i partecipanti

Iniziare con una convocazione di tono colloquiale e che metta in risalto il positivo e il valore di fare formazione, più che l'obbligo.

Spesso si vedono convocazioni di questo tenore:

> "*A norma del D. Lgs. 81/08 e successive modifiche lei è tenuto a partecipare al corso di formazione sulla sicurezza che si terrà il giorno ___ alle ore ___ presso la sala ___. Si fa presente che il corso è obbligatorio*".

Poi ci si chiede come mai le persone arrivino agli incontri di formazione poco motivati o con il desiderio di accendere polemiche o provocazioni.

Meglio sarebbe una convocazione del tipo:

> *"Buongiorno,*
> *è in fase di realizzazione la formazione per la sicurezza sul lavoro per tutti i lavoratori. Questa formazione è richiesta dalla legge (D.Lgs. 81/08, che contiene le norme per la*

sicurezza e la salute sul lavoro); i contenuti sono importanti per costruire una cultura di sicurezza che ci aiuti nel tutelare la nostra sicurezza al lavoro e fuori del lavoro.
Sei quindi atteso al corso che si terrà il giorno ___ dalle ___ alle ___ presso ___. La partecipazione al corso è obbligatoria, ed è una grande opportunità per lavorare più sicuri. Ricordate: la sicurezza al primo posto."

Al di là della lettera (che pur essendo in forma colloquiale resta un mezzo formale), è bene che vi sia almeno uno fra i seguenti modi di comunicazione:

- una *riunione* per presentare l'attività; oppure uno spazio apposito all'interno di una riunione di routine o indetta su altro argomento;

- oppure un *breve colloquio* con un supervisore che presenti o introduca l'attività.

In generale, dare ai supervisori (preposti o dirigenti) un ruolo perché possano (e debbano) manifestare il proprio compiacimento per la realizzazione di un'azione formativa (ad esempio un breve intervento introduttivo o conclusivo a loro cura), rende la formazione meglio integrata nelle attività e ne facilita il trasferimento degli apprendimenti sul campo. Questo dovrebbe fare parte del modo in cui i preposti e i dirigenti interpretano il proprio ruolo nei confronti della sicurezza. Affinché ciò sia per loro più facile e più spontaneo, è opportuno che essi (o alcuni di essi) siano coinvolti nella fase di costruzione del percorso e di analisi dei bisogni di formazione.

Nota sull'autore

Carlo Bisio

È Psicologo del lavoro ed ergonomo. Svolge attività di libero professionista.

Ha lavorato in più di 100 organizzazioni negli ultimi 20 anni, maturando competenze che gli consentono di realizzare progetti di formazione e consulenza orientati ai risultati.

Ha realizzato centinaia di progetti e numerosi scritti (libri e articoli) divulgativi o scientifici che rendono conto di ciò che ha imparato sul campo.

I principali settori di business in cui ha realizzato i progetti più significativi: chimico, siderurgico, metalmeccanico, cartario, alimentare, grande distribuzione, telecomunicazioni, turismo, costruzioni, trasporti, vetrario.

Ha studiato Psicologia all'Università di Padova ed Ergonomia al CNAM di Parigi.

È stato docente a contratto presso la Facoltà di Psicologia dell'Università degli Studi di Milano Bicocca; ha collaborato con l'Università degli Studi di Firenze e con l'Università Cattolica del Sacro Cuore di Milano.

È fondatore di Cesvor (www.cesvor.com) con sede a Milano, e di Carlo Bisio Training and Consulting con sede a Londra (www.BisioConsulting.com).

Gestisce il blog www.carlobisio.com/blog, al quale possono essere trovate maggiori informazioni sulle sue esperienze e i suoi scritti.

www.ingramcontent.com/pod-product-compliance
Lightning Source LLC
Chambersburg PA
CBHW060849170526
45158CB00001B/287